폭력 없는 교실은
어디 있나요?

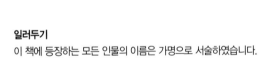

김국태, 서영원, 이수석, 이승배, 이정숙, 이한수, 임원영, 한상원 지음

폭력 없는 교실은 어디 있나요?

팜파스

누군가 아프면
우리 모두가 아픈 겁니다.

임병구
인천광역시교육청 정책기획조정관

현장 교사 시절부터 인천교육연구소와 함께 해왔습니다. 돌이켜 보니 시간이 꽤 흘렀습니다. 당시 학교 교육에 문제의식을 지녔던 선생님들은 농담처럼 고민을 토로했고, 공부를 술자리처럼 나눴습니다. 우리 모두가 행복한 학교를 만들 수는 없을까 같은 무거운 주제였지만 분위기는 발랄했습니다. 연구소라고 모였으면서도 가볍고 흥거웠습니다. 그렇게 어우러진 결과를 책으로 엮어 보자 했고 벌써 몇 권을 함께 써서 세상에 내보냈습니다.

《나란 놈 너란 녀석》을 통해, 청소년들이 고민하는 친구와의 관계에 대해 나름 진지하게 대화를 시도했습니다. 말을 건네니 친구가 되자고 말길이 트였습니다. 이어서 《꿈, 지금 꼭 정해야 하나요?》라는 질문을 청소년들에게 던졌습니다. 유의미한 반향이 생겼습니다. 청소년들이 갖고 있는 '꿈과 진로'에 대한 강박을 벗어나 위로를 나누자는 취지가 잘 전달되었던 모양입니다. 그 다음에는 배포가 커져서 세상과 더 넓게 만나 보자고 제안했습니다. 연구소 선생님들뿐만 아니라 사회 곳곳에서 뜻깊은 활동을 펼쳐 오신 분들과 함께했습니다.《두근두근 십 대, 나만의 방식으로 세상을 만나다!》라는 책으로 또 청소년들과 만나게 되었습니다. 꿈을 꼭 지금 정해야 할 필요는 없지만 세상은 우리를 기다리고 있으니 만나 보자고 했습니다. 저도 많이 배웠고 세상 구석구석에서 희망을 창조하는 분들 때문에 희망이 있다는 진실을 믿게 되었습니다.

그리고 2년이 흘렀고 그동안 저와 함께 고민을 나눠 주신 김국태, 서영원, 이수석, 이승배, 이정숙, 이한수, 임원영, 한상원 여덟 분의 선생님들이 '학교 폭력'을 주제로《폭력 없는 교실은 어디 있나요?》라는 책을 출간하게 되었습니다.

폭력이 없는 세상은 이상이므로 우리는 일상에서 폭력과 늘 마주합니다. 만병통치약이 존재하지 않듯 똑 떨어지는 해법은 없습니다. 다만, 아프면 위로를 나누어 좀 덜 아프게 하는 방법이 있겠지요. 특히 학교 폭력이 그렇습니다. 학교 폭력에도 가해자와 피해자, 그리고 방관자가 존재합니다. 사회에서는 가해자를 처벌하고, 피해자에게 보상하고, 방관자는 보통 도덕적 비난을 받는 것으로 사안이 마무리됩니다. 하지만 학교 폭력은 양상이 다릅니다. 가해자와 피해자가 겹쳐 있으며 방관자가 또 다른 가해자나 피해자가 될 수 있습니다.

　이 책을 쓴 선생님들은 학교 교육이 경쟁보다는 상호 협동과 협력이 필요하고, 응보적 정의에서 회복적 정의로 전환되어야 한다고 말씀하십니다. 적극 공감합니다. 누군가 아프면 우리 모두가 아픈 겁니다. 지구가 아프면 사람도 동물도 아픈 게 생태 감수성인데, 사람이 아픈데 옆에서 아프지 않다면 정상이 아닌 거겠죠. 이 책을 쓰신 선생님들은 그런 관점에서 다양한 글을 통해 학생들의 고민과 고통을 어루만져 줍니다. 구체적으로 우리 교육 활동과 생활 교육의 변화를 요구하고 있습니다.

　이 책을 쓰신 분들과 고민을 함께해 온 한 사람의 교육자로서, 학부모로서 많은 분들이 이 책을 읽었으면 하고 바랍니다. 학교뿐만 아니라 우리 사회가 응보적 정의에서 회복적 정의로 폭력을 다스리는 방법이 전환되기를 기대합니다. 이 책을 관통하는 '관계 속의 배려', '관심과 지지', '응보가 아닌 회복으로서의 정의'는 학교와, 더 큰 학교인 우리 사회가 이미 갖추어야 할 가치들입니다. 선생님들의 고민이 반갑기만 합니다. 지금도 어딘가에서 아파하는 이들 곁에 이 책을 손에 쥔 따사한 보살핌이 있기를 바랍니다.

현장 교사들의 삶으로 증언하는
평화를 위한 메시지

김 태 용
강서중학교 상머슴 교장

십여 년 전 교감 시절의 일입니다. 아침마다 자기 반 학생도 아닌 학생을 자신의 차로 태워다 주며 출근하는 젊은 선생님이 있었습니다. 그 선생님께 "선생님, 그 아이가 누구이기에 매일 차로 태워 주십니까?"라고 물었습니다. 그분은 빙그레 웃으며 "네, 등교하는 데 도움이 필요한 학생인데, 제가 마침 도울 수 있는 상황이라서요. 개의치 마세요."라고 답변하셨지요.

그 이듬해 그 선생님께서는 다른 학교로 전근을 가시면서 소식이 잠시 끊겼습니다. 몇 년 후, 그 선생님께서 비폭력대화 모임에서 함께 공부하는 현장 교사들과 학교 폭력에 관련된 상담 경험을 책으로 펴냈다며 내게 선물하셨습니다.

이번에는 우리 학교의 동료이자 대학 후배인 선생님이 "교장 선생님, '학교 폭력으로 인한 다양한 갈등 상황을 어떻게 교육적으로 해결할 수 있을까?'란 질문에 대해 학교 현장에서 고민하는 동료 교사들의 경험과 생각들을 기록해 보았습니다. 읽어 보시고, 소감을 말씀해 주셨으면 합니다."라며 원고를 건네주셨습니다.

이처럼, 도움이 필요한 상황을 지나치지 않고, 학생에 대한 생각을 누구보다 깊게 하는 선생님들은 항상 학교 폭력이란 주제를 두고 고심하고 의미 있는 실천을 펼쳤습니다. 그분들의 행보 뒤에는 항상 평화를 향한 빛줄기가 하나라도 남았다고 생각합니다.

이 책의 가제는 《아프지 말자. 너도 나도》였습니다. 제목을 접했을 때 첫 느낌은 '누구는 아프고 싶어 아픈가? 어찌 세상 살면서 안 아픈 사람이 있겠는가?'라며 다소 푸념을 했습니다. 그런데 원고를 읽다 보니 학교 현장에서 벌어지는 여러 가지 폭력 사안을 막기 위한 노력과 평화에 대한 간절함이 담겨 있다는 생각이 들었습니다. 폭력에 아프지 않은 이는 없습니다. '가해자-피해자-방관자'라는 다양한 위치를 교사의 입장에서 어떻게 바라보며 아직 어린 학생들에게 '이런 방법으로 도우면 어떨까?'하는 고뇌 어린 고백으로 느껴졌습니다.

이 책에 담긴 여덟 선생님의 진솔한 이야기가 지면의 한계로 비록 짧게 보일지 모르지만 그 속에 녹아 있는 고민과 성찰은 척박한 교육 현장에 가뭄을 해갈하는 단비처럼 매우 깊고도 넓어, 읽는 나에게도 커다란 감동과 울림이 되었습니다.

그래서 이 책은 학생은 물론 학교 폭력으로 인해 밤잠을 설치는 모든 교육 가족에게 위로를 넘어 좋은 안내서가 되리라 생각합니다. 응보적 정의의 한계점을 느끼고 학생 생활의 새로운 관계를 모색하는 교사와 교육 가족들이라면, 회복적 정의에 관심을 갖는 모든 분들이라면, 반드시 읽을 가치가 있다고 여겨집니다.

절대 혼자가 아니라는 위안과,
치유의 마음을 얻기를 바라며…

이정숙
동수초등학교 / 인천교육연구소

　우리는 지금 삶의 가장 눈부시고 찬란한 시간 속에 있습니다. 그
찬란함은 혼자 만들어 내는 것이 아니라 친구들과 함께 시간을 보
내고 어울리면서 빚어내기 때문에 얻을 수 있는 것들이지요. 좋은
시를 함께 읽거나, 멋진 아이디어가 있으면 친구에게 달려가 얘기
하고 영혼의 삶을 살찌우면서 말이지요. 그러나 하루 중 가장 많은
시간을 보내는 학교라는 공간에서 일어나는 갈등으로 이 시간을 설
렘이나 행복함보다는 두려움이나 절망감으로 채우는 경우도 생깁
니다. 삶을 피폐하게 만들고 돌이킬 수 없는 상황으로 치닫게 하는
학교 폭력이 사회적 문제로 떠오르면서 아무리 강력한 조치들이 있
어도 우리의 마음은 두려움에 점점 움츠러들기만 합니다. 친구들
과 마음 편히 이야기를 나누기도 어렵고, 친근한 장난도 마음 놓고
하기 어렵습니다.

언젠가 여행을 하다가 사람 키만큼 크고 얼굴만큼 큰 연잎 사이 사이로 언뜻언뜻 수려하게 핀 연꽃들을 보면서 가던 길을 멈춘 적이 있습니다. 깊이를 가늠할 수 없는 연못에는 유려한 곡선을 가진 커다란 연잎들이 또르르 이슬들을 굴리며 빼곡히 들어차 있었습니다. 문득 저 보이지 않은 흙탕물 바닥에서 이렇게 키가 크고 수려한 꽃을 피워 내려면 얼마나 시간이 걸렸을까 하는 생각이 들었습니다. 새삼 씨앗에서 싹이 트고 꽃이 피는 과정의 시간들도 생각해 보았습니다.

씨앗이 싹을 틔우고 잎이 나려면 얼마나 시간이 걸릴까요? 종류에 따라 천차만별이지만 대개 수분, 온도만 맞으면 빠르면 3~4일이나 늦어도 일주일 만에 나온다고 합니다. 그런데 어떤 종류는 자연스럽게 나오기보다는 연못 속에 잠겨 있다가 껍질이 썩어야 나오거나 일부러 흠집을 내어야 싹을 틔우는 것도 있습니다. 연꽃 씨가 대표적입니다. 급기야 몇 년 전에 칠백 년 된 연꽃 씨앗이 발견되었는데 이것을 발아시킨 적이 있다고 합니다. 이 꽃을 "아라홍련"이라 명명했다고 하지요. 인고의 세월을 겪고 상처를 내어야 비로소 성장하는 연꽃 씨앗의 모습은 우리 삶을 되돌아보게 합니다. 우리는 쉽게 분노하고 뭐가 잘 안 되고 못마땅해 쉽게 상처를 주고 화를 내지 않았는지, 칠백 년의 세월을 기다린 씨앗보다 우리가 너무나 가벼운 건 아닌지 생각해 보게 됩니다. 어여쁜 꽃을 피우려면 비바람에 흔들리고 싹을 틔우려면 상처를 감수해야 하는 시간들이 필요한데 말입니다.

함께하는 생활은 서로에게 도움을 주는 일도 있지만 상처를 주는 일도 일어납니다. 친구와 함께 있는 학교는 바로 이런 공간이지요. 인생의 황금기인 학창 시절, 친구와 좋은 관계를 맺고 성장하기 위해서는 연꽃 씨앗처럼 오랜 기다림이 필요한지도 모르겠습니다. 내 마음대로 안 된다고 화를 내거나 타인에게 불만을 전가하기보다는 알맞은 온도와 환경을 만들어 나가는 지혜가 필요할지도 모릅니다. 무사하고 안일한 보호 속에 있기보다는 껍질에 상처를 내어 더 아름다운 꽃을 피워 내기 위한 시간들로 내 삶을 가꿔야 하지 않을까 생각합니다.

학교 폭력은 단순히 학교 안에서의 문제가 아닙니다. 우리 사회의 문제이고 우리 인식의 문제이며 삶에 대한 태도의 문제입니다. 하루아침에 해결될 수도 없고 누군가가 해결할 수도 없는 문제입니다. 모든 제도와 모든 인식이 바뀌려면 감정을 다스리고 공유할 시간이 필요합니다. 그보다 먼저 우리가 자신에게 할 수 있는 일이란 친구와 내 감정을 공유하고 인내하고 받아들이는 시간을 애써 찾아보고 서로의 상처들에 더 너그럽게 다가가거나 굳은살을 내도록 건강한 감성을 키워 내는 일일 겁니다.

이 책에는 학교에서 부딪히는 여러 가지 친구들의 모습을 이야기합니다. 나도 모르게 친구에게 가해자가 되기도 하고 괴롭히는 친구들 때문에 피해자가 되기도 합니다. 그런 모습들이 두려워 귀를 닫고 눈을 감은 방관자가 되기도 합니다. 여기에 여덟 선생님들이 풀어놓은 이야기를 읽으면서 지금 나는 어떤 모습인지 성찰해 보고 또 문제를 해결할 아이디어를 얻기 바랍니다. 혹시 지금 상처를 받고 슬픔에 빠져 있다면 이야기들을 통해 위로받거나 그것을 치유할 실마리를 얻기 바랍니다. 관심을 갖고 문제를 들여다보면 오히려 내가 당한 고통이 내 개인만의 문제가 아니라 전체의 문제로 새롭게 다가오기도 합니다. 이렇게 여러 가지 관점에서 문제를 바라보는 경험은 개인적인 고통에서 벗어나 문제에 대한 '객관적 거리 두기'를 할 수 있게 합니다. 더 성숙한 차원에서 문제를 바라볼 수 있기를 바라며 이 책의 일독을 권합니다.

contents

피해자

친구와 교실이
너무도 두려워진 그날의 이야기

나는 영원한 약자인가요?

더 이상 그 일을 떠올리고 싶지 않아요.
그 일만 생각하면, 그 기억만 떠오르면 죽고만 싶어진다고요.
-110-

어떻게 용기를 낼 수 있나요?
실제적인 방법을 알고 싶어요.
-118-

제 성격이 소극적이라서 따돌림을 당하는 것 같아요.
내가 바보 같아서… 문제가 있어서 말이에요.
-130-

어릴 때는 친한 친구였는데, 왜 이렇게까지 사이가 나빠진 건지 모르겠어요.
그 일로 모든 관계가 다 달라졌어요.
-140-

아무도 안 도와주는 친구들 모두에게 화가 나요.
다 복수하고 싶어요.
-148-

선생님께 말해도 별 소용없대요.
3년만 참으면 졸업이니 그냥 참을래요.
-158-

신고하면 끝이 아니에요.
그 친구랑 계속 한 교실에서 지내야 하는데 어떻게 신고해요.
-170-

방관자

'당사자들'의 이야기라 생각하지만,
실은 이것은 우리 모두의 이야기

이야기 셋.

같은 장소에 있었다는 것,
지켜본다는 것, 그리고
아무것도 하지 않았다는 것의 의미
-182-

보복이 두려워서 끼어들기 싫어요.
괜히 나까지 끌려 들어가면 어떻게 해요.
-188-

뭐, 나랑은 상관없는 일이니까요.
공부도 바쁘고.
-200-

제 친구가 한 건데 어떻게 일러요.
왠지 고자질하는 것 같아서 싫어요.
-212-

소문을 들어 보면
당할 만하니까 당하는 거 아닐까요?
-222-

지켜보는 것만으로도 두렵고 불안해서 어쩔 줄 모르겠어요.
다음은 제가 타깃이 될까 봐 악몽도 꿔요.
-232-

지켜보는 게
솔직히 좀 재미있어요.
-242-

가슴 속에서 밀려오는 분노를 참을 길이 없었다.
아무나 붙잡고 욕을 해대고 싶었다.
화가 머리끝까지 차오르는 걸 꾹꾹 눌러 참으며 걷고 있는데
정문 앞에 환하게 웃으며 통화하는 여서를 봤다.

sight.1

가해자

주먹으로 숨긴,
말하지 않았던 속마음을 꺼내다

진실은
그게 아니에요

"
가해자, 피해자, 방관자라는 말은
누가 만들어 낸 걸까요?
누구도 그 이름에서
자유로울 수 없고,
다르다 할 수 없을 겁니다.
우리의 이야기를 통해
여러분은 어떤 마음을
가지게 될까요?

"혜련아. 오늘 수학 끝나면 영어 보강 있는 거 알지? 이번 주말에도 특강이랑 새 과외쌤 오신다고 했으니까 그렇게 알고. 이따 학교 정문에서 엄마가 기다리고 있을 테니까 그냥 바로 나와. 죽어라 열심히 해도 서울에 있는 대학 겨우 갈까 말까 하니까 넌 숨 쉬는 거 빼고 영어 단어 하나 더 외우고, 수학 문제 하나라도 더 풀어야 된다. 그니까 농땡이 부릴 생각하지 말고 바로 나와야 돼. 엄마가 경고했다. 내가 누구 때문에 이 고생을 하는데, 알았지?"

현관문 앞에서 운동화를 신는데, 오늘도 어김없이 1절에 그치지 않는 엄마의 잔소리. 귀를 틀어막고 싶었다. 이제는 엄마의 목소리도 싫고 숨소리도 싫다. 정말 아침부터 꼭 저래야 하는지.

'아, 시팔. 그렇게 학원이 좋으면 지나 다니지. 아, 짜증 나.'

순간 화가 치밀었다. 성적이 되지도 않는데 하루에도 몇 군데씩 학원을 보내는 엄마의 태도를 이해할 수 없다. 나는 로봇이 아니다. 야자도 힘들어 죽겠는데, 학원을 두 군데 거치고 오면 새벽 1시가 넘는다. 도대체 엄마는 내게 어떤 기대를 걸고 있는 걸까? 아니면 자기가 학교 다닐 때 공부를 지지리 못해서 내게 복수하고 있는지도 모른다. 생각할수록 미칠 것만 같았다. 그냥 몽땅 다 때려치우고, 애들이랑 코인 노래방에서 노래나 실컷 불렀으면 좋겠다.

하지만 그건 불가능한 이야기다. 매일 정문 앞에 엄마가 떡하니 버티고 있을 게 뻔하니까. 그것도 마냥 '좋은 엄마' 코스프레를 하면서 말이지. 또다시 욕이 터져 나왔다.

가슴속에서 밀려오는 분노를 참을 길이 없었다. 아무나 붙잡고 욕을 해대고 싶었다.

화가 머리끝까지 차오르는 걸 꾹꾹 눌러 참으며 걷고 있는데 정문 앞에서 환하게 웃으며 통화하는 연서를 봤다.

"응. 엄마, 내가 책상 위에 두고 나왔나 싶어서. 거기 있어? 아, 다행이네. 응, 알았어. 오늘 급식은 스파게티라니까, 야식? 음. 나 돈까스도 먹고 싶고, 김치볶음밥도 먹고 싶고…. 진짜? 진짜 해줄 거야? 오예~ 알았어. 이따 끝나면 바로 갈게. 응. 응. 나도 알라

뷰, 맘!"

　그때부터였던 것 같다. 연서가 거슬리기 시작한 것이. 연서를 '걸레'라고 부르게 된 것도. 아이들 사이에 연서가 어울리면 화가 치밀어 오른 것도.

　나는 엄마랑 있는 순간들이 모두 지옥 같은데, 연서는 뭐가 그렇게 좋아서 까르르 웃고 난리였던 걸까? 연서가 웃는 게 싫었다. 어쩌면 연서와 연서 엄마처럼 되지 못하는 나와 엄마의 관계가 싫었던 건지도 모르겠다. 그냥 화가 났다. 아주 많이.

　'나는 왜 저렇게 엄마한테 맛있는 걸 해달라고 투정 부릴 수 없는 거지? 나는 왜 엄마랑 통화할 때 공부 이야기만 해야 되는 거지? 내가 많은 걸 바라는 건 아니잖아. 엄마랑 친해서 좋냐? 이연서?'

　연서를 따돌리고 걸레라고 부르면 당황하는 연서의 표정이 정말 우스꽝스러웠다. 그 모습을 보는 게 묘하게 시원해서 그만두고 싶지가 않았다. 민정이나, 효진이, 다른 친구들도 내 눈치를 보다가 덩달아 연서를 걸레라고 불렀다. 처음에는 머뭇댔는데, 시간이 흐르면서 연서를 그렇게 부르는 것은 너무도 자연스러워졌다. 페북이나 SNS에 독한 댓글을 다는 것도 꽤 재미있었다. 연서의 반응이 우스웠기 때문이다. 죽을 것 같이 괴롭다나 뭐라나.

'뭐래. 아무나 죽냐? 어디서 협박질이야. 왜~ 어디 친한 엄마한
테 가서 다 일러바치지 그래? 너, 엄마랑 친하잖아. 안 그래?'

그렇게 시작된 장난이었다. 장난이라고 생각했다. 그때는. 내 안
에 치솟는 불길이 커질 때마다 장난은 심해졌고, 나는 어느새 '가해
자'가 되어 있었다.

임현영 쌤

가슴 속에서 밀려오는 분노를
참을 길이 없었다.

아무나 붙잡고 욕을 해대고 싶었다.

원래
그런 애라고요?

폭력은 대물림된다는 것을
아시나요?

그날은 여느 날과 다름없는

아침이었어요. 평소 결석이 잦았던 성호가 오지 않았지요. 전화를
해 봐도, 받지 않더군요. 그러다 오전 11시경에 성호가 다급한 목
소리로 저에게 전화를 했어요.

"선생님! 작은아버지가 저에게 죽이겠다며 칼을 들었어요."

쌤은 순간 가슴이 철렁 내려앉았어요. 성호는 부모님이 안 계셔
서 떨리는 손으로 정확한 상황 파악을 위해 성호 누나에게 전화를
했지요. 그런데 전화를 받은 누나도 그 현장에 있던 모양이에요. 성
호의 누나는 애써 침착하게 상황을 이야기해 주었어요. 작은아버
지가 잔뜩 화가 나 칼을 들고 위협하고 있다고 하더군요. 저는 "아
동 학대"로 아동보호전문기관에 전화를 걸어서 신고했어요. 얼른
성호에게 전화를 걸어 작은아버지에게 전화기를 건네주라고 했습
니다. 쌤과 통화하는 사이에 안전하게 누나와 피신해 있으라는 당
부와 함께요.

잔뜩 흥분한 작은아버지와 통화하는 시간이 얼마나 흘렀는지 쌤
은 잘 기억나지 않아요. 그저 작은아버지를 진정시켜 성호와 성호

누나를 안전하게 해야 한다는 생각뿐이었지요. 다행히 쌤과 이야기를 나누며 성호의 작은아버지도 이성을 되찾아갔습니다. 얼마 후 경찰이 도착할 때 즈음에는 작은아버지의 목소리도 한층 차분해진 상태였지요. 통화를 마치며 쌤은 "추후 만나 뵙고 꼭 대화를 나누고 싶습니다."라는 말을 남겼어요. 작은아버지도 나중에 학교에 방문하겠다고 이야기했지요.

경찰이 출동했고 작은아버지와 함께 경찰서로 갔다는 성호의 연락에 쌤은 그제야 다리에 힘이 풀리는 것 같았습니다. 한편으로는 성호가 저에게 마음을 열기 시작했다는 생각에 마음이 놓이기도 했어요. 성호는 그동안 저와 이야기를 나눌 때마다 입을 다물고 마음을 열지 않았거든요. 왜냐고요? 성호와 이야기를 할 때는 주로 성호가 친구들을 때리고 나서 저에게 불려 온 직후였거든요. 가해자로 불려 온 상황인지라 마음의 문을 열기 쉽지 않을 만했지요.

성호에게 어떻게 해서 친구를 때리게 되었는지 물어보면 답은 언제나 간단했어요. 자기를 짜증 나게 해서 때렸다고 했고, 자신에 대해서 친구가 뒷담화를 했는데 끝까지 아니라고 우겨서 때렸다고도 했지요. 아니면 빌린 돈을 갚겠다고 했는데도 계속 달라고 해서 짜증 나서 때렸다고도 했어요. 어떤 문제나 갈등이 있을 때 성호는 자신의 감정을 잘 설명하지 않았어요. 그런 경험이 별로 없는 것 같았지요. 때리는 이유만 간단하게 답하고는 입을 다물어 버렸던 성

참 아이러니하게도,

학교에서는 가해자였던 성호가
　　　집에서는 피해자였어요.

호. 그랬던 성호가 가장 위급한 순간에 저를 찾아 주었으니 한편으로는 기쁜 마음까지 들었답니다. 성호와 이야기할 어떤 신호를 발견한 느낌이었거든요.

참 아이러니하게도, 학교에서는 가해자였던 성호가 집에서는 피해자였어요.

다음 날, 빠르게 학부모 상담을 잡아 점심시간에 성호의 작은아버지가 학교로 찾아왔답니다. 함께 상담실에 자리한 성호의 표정은 가해 학생으로 자리했을 때와는 사뭇 달랐어요. 잔뜩 주눅이 들어 어른들의 눈치를 보는 모습이었지요. 겉보기에 폭행의 흔적이 없어 쌤은 성호를 상담실에 있게 하고 교무실에서 작은아버지와 이야기를 나누었어요.

가정 환경을 조사할 때도 성호는 집의 이야기를 잘하지 않았어요. 어쩌다 작은아버지에 대한 이야기가 나오면 그다지 좋지 않은 말들이 나왔지요. 직업도 없이 술만 마시면 행패를 부린다는 말을 했어요. 쌤이 만나 본 작은아버지도 성호나 성호 누나를 보호하기에는 불안정한 면이 보였어요. 점심시간 무렵인데도 작은아버지 입에서는 술 냄새도 풍겼지요.

먼저 아이를 칼로 위협한 것은 명백한 폭력이며 교사는 아동 학대에 대해 알게 되면 의무적으로 신고해야 한다는 점을 말씀드렸지요. 그리고 아이를 칼로 위협하게 된 이유를 물었죠. 작은아버지는 칼로 위협할 생각은 전혀 없었다고 목소리를 높였어요. 처음에는 성호에게 학교에 가지 않으면 자기처럼 되니까 학교는 꼭 나가라고 당부하려고 했대요. 성호의 반응이 영 떨떠름하고, 귀담아 듣는 것 같지 않아 점점 부아가 치밀었다고 해요. 그리고 학교에 안 다니면 칼 쓰는 법이나 배우려고 하냐며 설명하려다 보니, 칼을 들었다는 거예요.

쌤은 겉으로는 태연한 척 이야기를 들었지만, 성호가 느꼈을 공포가 얼마나 컸을지를 생각하자 가슴이 쿵쾅대며 뛰었어요. 나쁜 의도가 아니었다고 해도, 아이를 그런 식으로 훈육하는 것은 절대 이해할 수 없는 방식이지요. 성호가 학교에 가지 않으려 한다면, 그 이유를 충분히 들어 보려 노력하고, 스스로 동기를 깨닫도록 다독거려 주는 방법을 찾는 것이 좋다고 말했지요. 작은아버지와의 상담이 끝났지만 쌤은 씁쓸한 기분을 떨쳐 버릴 수가 없었어요.

성호의 폭력적인 행동에 대해서는 변명의 여지가 없이 잘못된 부분이 있어요. 하지만 아마도 성호는 모든 갈등과 의견의 불일치를 대화보다는 폭력으로 해결하는 것을 집에서 보고 배웠을 거예요. 보호자로부터 그렇게 양육되고 소통해 왔으니까요. 성호가 잘 대화하고 싶어도, 방법을 잘 모를 것이란 생각이 들었지요. 그리고 성호는 자신의 마음을 들여다보는 기회보다는 억누르고 충동적으로 행동하는 것이 더 익숙한 환경에서 살았을 거라고 확신하게 되었거든요.

아마도 성호는

모든 갈등과 의견의 불일치를
대화보다는 폭력으로 해결하는 것을

집에서 보고 배웠을 거예요.

보호자로부터
그렇게 양육되고 소통해 왔으니까요.

실제로, 가정에서 부모가 갈등이 생겼을 때 대화와 타협보다, 폭력으로 해결하는 집에서 성장한 자녀가 추후 폭력으로 문제를 해결하는 경우가 많아요. 미국의 오하이오대학교 조나단 베스파 (Jonathan Vespa) 교수가 3대에 걸친 가정 폭력의 대물림을 연구하였지요. 그 결과, 가정 폭력을 경험한 아이들은 실제로 폭력을 일으킬 가능성이 150% 정도로 높게 나왔다고 해요. 집에서 폭력을 목격하거나 당하게 되면, 아이들도 문제 상황의 해결 방법 1순위로 '폭력'을 떠올리게 되는 것이지요.

또한, 너무 지나친 훈육으로 '매를 드는 부모' 아래 자란 아이들도 유심히 살펴볼 필요가 있어요. 훈육으로 맞으면서 자란 아이들은 맞을 때는 바로 행동을 고치게 되어, '매의 효과'가 있는 듯 보이지만, 반항심과 적개심이 무의식적으로 쌓이게 돼요. 그래서 자신의 잘못된 행동보다는 부모를 원망하거나 다른 사람에게 분노의 화살을 돌리는 일도 늘어나지요. 이를테면, 친구와 싸우거나, 말로 잘 풀리지 않을 때 주먹이 먼저 나가는 것을 당연하게 생각하는 것이지요.

만일 성호에게 갈등이 생겼을 때 이를 잘 해결하는 모습을 보여 주는 부모님 혹은 어른이 곁에 계셨다면 어떨까요? 쌤은 그런 아쉬움을 떨쳐 버릴 수 없었어요. 그런 의미에서 성호 역시 자신의 폭력이 끼치는 영향력에 대해 자신의 입장에서 생각해 볼 기회가 있었으면 좋겠다는 생각도 들었어요.

혹시 자신이 모든 갈등에 대해 폭력으로 해결하는 것이 익숙해진 것은 아닌지, 한번 스스로 물어보았으면 해요. 거꾸로 폭력을 당했을 때 자신이 어떤 기분이 들었는지, 어떤 감정에 사로잡혔는지 충분히 알고 있을 거예요. 그 방식에 익숙해졌다고 해서 그것이 당연하다는 생각은 버려야 해요. 성호 자신의 아픔을 충분히 떠올려 본다면, 피해자 친구들의 아픔에 대해서도 충분히 공감할 수 있을 거예요.

한편, 가정 폭력의 피해자는 난폭하고 반사회적인 인격을 형성하여 학교 폭력의 가해자가 되는 일도 있지만 반대로 소심, 불안, 우울 증세를 보이며 내성적이고 비사회적인 성향이 되어 학교 폭력의 피해자가 되기도 해요. 학교 폭력의 희생자가 되면서 피해 입은 경험 때문에 억울하고 분노의 감정이 더욱 쌓이게 되겠지요. 그것에 대한 보상 심리로, 나중에 더 약한 아이들에게 폭력을 행사하면서 가해자로 바뀌기도 하고요. 훗날 가정을 이루었을 때 배우자나 자녀들에게도 마찬가지로 손쉬운 방법인 폭력을 행사하게 될 수도 있답니다.

그렇기에 폭력의 불씨는 지금 당장 꺼 버려야 합니다. 혹시 어차피 '가해자'가 되었는데, 이제 와서 뭘 어떻게 하냐고 생각하고 있을지 몰라요. 하지만 지금 자신의 아픔을 떠올리며, 주먹을 내지르려는 충동을 멈추려 노력해야 해요. 그렇지 않으면 '폭력'이라는 무서운 악순환에 빠져들 수 있다는 것을 꼭 잊지 말아야 합니다.

또한, 도움의 손길을 요청하는 것을 주저하지 마세요. 성호처럼 '대화'라는 해결 방법을 아예 몰랐다면 이것을 배워 보는 노력을 기울여야 합니다. 익숙한 방식이 아니라 답답하기도 하고, 왠지 모르게 지지부진해 보이기도 할 거예요. 하지만 그것이 자신의 삶을 다시 회복하고 잘 구축해 가는 방법이랍니다. 성호 스스로도 가해 학생이라는 처지가 얼마나 고통스러운지 잘 알고 있을 거예요. 그것을 벗어나려고 노력하는 것 역시 가해 학생 스스로의 몫입니다.

이렇게 주먹이라는 익숙해져 버린 방식보다 어렵더라도 대화해 보려 노력하고, 아픈 상처를 어루만지려 시도해 본다면, 차츰 폭력의 굴레에서도 벗어날 수 있게 될 거예요.

이승배 쌤

저 이미
가해 학생이라고 찍혔잖아요.

교실에서 이런 식 말고
다르게 생활할 방법을 모르겠어요.

쌤은 학교에서

폭력 사건이 발생할 때면 학교 폭력으로 불려 온 가해자 학생과 피해자 학생과 함께 이야기를 나눕니다. 그럴 때마다 가해자와 피해자란 말 자체가 주는 낙인 효과 때문에 이제는 '관련인'이라고 부르기로 했지요. 하지만 이 '관련인'이라는 말도 명확하지 않고 혼란을 주기에, 그냥 있는 그대로의 모습대로, 학생 한 명 한 명을 호명하면서 학교폭력자치위원회의 회의를 진행해요. 쌤이 이러는 데는 사실 그만한 이유가 있답니다.

간혹 피해 학생은 다른데 가해 학생은 자주 본 친구일 경우가 있습니다. 희준이도 그런 아이였습니다. 일전에 폭력을 일으킨 적이 있어 자숙을 하다가 다시 폭력 사건을 일으키게 된 것이지요. 처음과 달리 두 번째 만난 희준이의 눈빛에는 어떤 기대도 찾아보기 힘들었습니다. 사람들을 향한 날선 눈빛과 분노가 전보다 더 크게 느껴져서 쌤은 희준이와의 대화가 더없이 조심스러웠답니다.

"희준아. 다시는 주먹을 쓰지 않겠다고 지난번에 이야기했잖니?"

"제가 먼저 시비 건 게 아니에요. 근데 다 저를 그렇게 봐요. 이미 때리기도 전에 저는 이미 '때린 놈'이 되어 있었다고요."

희준이는 무척이나 억울한지 얼굴까지 뻘게지며 쌤에게 말했어요. 피해 학생이 먼저 까칠하게 굴고, 깐족거렸고, 마치 '전적이 이미 있는 자신'이 불리하다는 것을 알고 찔러 댔다고 말이에요.

쌤은 마음속에 쌓인 분노와 제대로 된 소통을 하지 못해 다시 미숙한 선택을 해버린 희준이가 안타까웠어요. 물의를 일으키지 않아도 이미 자신은 가해자로 찍혔다는 억울함이 아마도 희준이의 마음속 분노를 더욱 키웠겠지요.

하지만 상대방이 먼저 약 올렸고, 아무리 도발했다고 해도 폭력을 먼저 휘두른 것에 대한 변명이 될 수는 없어요. 다른 사람을 향한 분노와 미움을 잘못 표출했다는 것, 또다시 폭력을 휘둘러 버렸다는 것으로 이제 희준이는 전보다 더 이해받기가 어려워졌어요. 쌤이 더 안타까운 것은 희준이는 정말 '폭행 학생'이라는 과거에서 벗어나고 싶어 했던 아이였기 때문이에요.

쌤과 수차례 상담하고, 피해 학생과 부모에게 사과를 하면서 희준이는 진심으로 앞으로는 그러지 않겠다며 반성했어요. 희준이는 정말로 더 잘해 보고 싶었고, 자신의 앞날을 걱정했어요. 그러다 자꾸만 부딪히는 친구들과의 갈등을 제대로 해결하지 못하고 그만 또 사건을 일으킨 것이지요. 쌤은 답답한 마음에 희준이에게 물었어요. 그 친구와 그렇게 갈등을 겪었으면서 왜 쌤에게 미리 이야기할 수 없었냐고 말이지요. 희준이는 주저하다 속내를 털어놓았지요.

"제가 또 다른 애들이랑 갈등이 있었다는 걸 쌤에게 털어놓기가 어려웠어요."

그제야 쌤은 쌤의 생각보다 훨씬 더 크게 희준이가 '가해자 낙인'에 대해 힘겨워하고 있다는 것을 알게 되었어요. 또 갈등을 겪고 있다는 것만으로도 이미 찍힌 '가해자 낙인'이 커질까 봐 희준이는 두려워했던 거예요. 그것도 쌤과 같이 어른에게는 더더욱 말입니다.

가해자 낙인, 폭력에는 누구도 무사할 수 없다는 것

희준이처럼 실제 가해 학생들이 '무조건적인 나쁜 아이라기보다는 무척 미숙하고 겉과 달리 내면은 나약한 아이'인 경우가 많습니다. 어른과 사회를 두려워하고, 가해자 낙인이 찍힌 자신의 앞날을 걱정하며, 할 수 있다면 자신의 잘못을 되돌리고 싶은 마음이 큰 아이들이지요. 이러한 친구들은 '제대로 된 방법을 알았더라면' 폭력이라는 최악의 수단을 선택하지 않았을지 모릅니다. 이 친구들에게는 자신의 잘못에 대한 정직한 책임을 지는 법을 알려 주는 것과 동시에 '필요할 때 도움을 요청할 적절한 수단'도 알려 주어야 합니다. 피해 학생만 도움이 필요한 것이 아니라, 가해 학생에게도 도움은 필요합니다. 미숙한 선택을 하지 않을 도움이지요.

쌤은 이 수단으로 또래 상담을 추천하고 싶어요. 희준이처럼 어른들에게 '가해자 낙인'이 더 심하게 찍힐까 봐 분쟁이 있어도 쉬쉬하려는 마음이 크기 때문입니다. 또한 어른들은 쉽게 알지 못할 '공감대'가 또래와는 잘 형성될 수 있기 때문입니다.

다음은 〈2013년 학교 폭력 예방 또래 상담 우수사례집〉 중 '아름다운 동행'을 참조하여 실제 사례를 각색한 이야기예요. 이제 학교 폭력을 해결하기 위해서는 당사자들만이 아니라 이 사회의 구성원이 모두 함께 관계의 개선에 힘쓰며 해결해야 한다는 것을 보여 주는 이야기지요.

경덕이는 중학교 입학 이후 소위 '비행 청소년' 집단에 속해 있었어요. 2학년이 되기 전까지 담배를 입에 달고 살았고, 학교 폭력에 가담하기도 했지요. 학교생활은 엉망이 되어 갔고, 성적은 최하위권이었어요. 그런 경덕이가 2학년이 되자 '이런 범죄를 저지르는 삶에서 벗어나고 싶다'는 속내를 고백하게 되었어요. 누구한테 이런 마음을 털어놓았을까요? 바로 같은 학년 성일이라는 친구였지요.

경덕이는 초등학교 때 잘못 사귄 친구의 꼬임으로 일탈의 길에 빠져들었어요. 일탈을 저지르면서도 마음 한편에는 '다시 돌아가고 싶다'는 마음이 있었어요. 자라면서 자신의 잘못을 더 잘 알게 되고, 이제부터라도 잘해 보고 싶은 마음이 커졌던 거예요. 그러다 중

학교 2학년이 시작된 3월, 경덕이는 마음을 다잡았어요. 스스로 벗어날 수 없다면 도움을 요청하기로 말이에요. 비행 청소년이던 경덕이는 선생님이나 어른에게 갑자기 도움을 요청할 용기는 나지 않았어요. 그래서 학교의 또래 상담을 시도해 보기로 마음먹었지요.

그렇게 경덕이는 같은 학년인 멘토 성일이를 만나게 되었어요. 지금부터라도 공부를 잘해 보고 싶은데, 자꾸 어울렸던 친구들이 따라다니면서 유혹도 하고 협박도 한다고 털어놓았지요. 성적도 바닥이라 꿈도, 희망도 찾기 힘들다고, 도와 달라고 솔직하게 자신의 상황을 이야기했어요. 성일이는 경덕이에게 또래 상담자가 되어 도와주기로 해요. 그리고 다음과 같은 목표를 정해서 경덕이의 학교생활을 도왔어요.

1. 서로 일주일에 3~4편 이상 꼭 일기를 쓸 것.

2. 일기의 주제는 자유롭게, 글씨는 깨끗하게, 내용은 솔직하게 쓸 것.

3. 시험 기간의 경우, 저녁에는 매일 도서관을 같이 다닐 것(수학, 역사를 가르쳐 줄 것).

4. 토요일마다 학교 도서실에서 함께 책을 읽을 것.

5. 바로 옆자리에 앉아 수업 시간마다 필기 노트를 빌려 주고 공부를 도와줄 것.

6. 경덕이는 무조건 담배를 끊을 것.

경덕이의 생활은 어떻게 되었을까요? 경덕이의 학교생활이 점차 나아졌음은 말할 것도 없겠지요. 자신을 도와줄 든든한 지원자이자 친구가 한 명이 있다는 사실이 많은 변화를 불러왔습니다. 어른들에게는 말 못할 고민이 있을 때, 공부로 스트레스를 받을 때, 자신의 처지를 공감해 주며 응원해 주는 친구 하나는 굉장한 에너지를 가져다줍니다. 이처럼 긍정적인 관계 하나는 다른 관계들까지도 좋은 영향을 줍니다.

가해 학생들에게도 절실한 관심과 도움이 필요하지만, 사회적인 시선 때문에 선뜻 도움의 손길을 내밀지 못할 때가 있습니다. 그렇다고 자신의 잘못을 또 들추게 될까 봐 두려운 마음에 그저 갈등을 꾹 눌러서는 안 됩니다. 어른들과 제대로 대화할 자신이 없다면, 그럴 때는 또래 친구와의 상담을 통해 좀 더 학교생활을 안정시키고, 제대로 된 문제 해결 방안을 찾는 것이 좋습니다. 또한 그것이 진짜 자신의 과오를 책임지는 방법일 것입니다.

학폭법 제2조에 따른 학교 폭력의 유형을 알아보아요.

유형	학폭법 관련	예시 상황
신체 폭력	• 상해 • 폭행 • 감금 • 약취 · 유인	• 신체를 손, 발로 때리는 등 고통을 가하는 행위(상해, 폭행) • 일정한 장소에서 쉽게 나오지 못하도록 하는 행위(감금) • 강제(폭행, 협박)로 일정한 장소로 데리고 가는 행위(약취) • 상대방을 속이거나 유혹해서 일정한 장소로 데리고 가는 행위(유인) • 장난을 빙자해서 꼬집기, 때리기, 힘껏 밀치는 행동 등도 상대 학생이 폭력 행위로 인식한다면 이는 학교 폭력에 해당
언어 폭력	• 명예 훼손 • 모욕 • 협박	• 여러 사람 앞에서 상대방의 명예를 훼손하는 구체적인 말(성격, 능력, 배경 등)을 하거나 그런 내용의 글을 인터넷, SNS 등으로 퍼뜨리는 행위(명예 훼손) • 내용이 진실이라고 하더라도 범죄이고, 허위인 경우에는 형법상 가중 처벌 • 여러 사람 앞에서 모욕적인 용어(생김새에 대한 놀림, 병신, 바보 등 상대방을 비하하는 내용)를 지속적으로 말하거나 그런 내용의 글을 인터넷, SNS 등으로 퍼뜨리는 행위(모욕) • 신체 등에 해를 끼칠 듯한 언행(예 '죽을래' 등)과 문자 메시지 등으로 겁을 주는 행위(협박)

유형	학폭법 관련	예시 상황
금품 갈취	• 공갈	• 돌려줄 생각이 없으면서 돈을 요구하는 행위 • 옷, 문구류 등을 빌린다며 되돌려 주지 않는 행위 • 일부러 물품을 망가뜨리는 행위 • 돈을 걷어 오라고 하는 행위 등
강요	• 강제적 심부름 • 강요	• 속칭 빵 셔틀, 와이파이 셔틀, 과제 대행, 게임 대행, 심부름 강요 등 의사에 반하는 행동을 강요하는 행위(강제적 심부름) • 폭행 또는 협박으로 상대방의 권리 행사를 방해하거나 해야 할 의무가 없는 일을 하게 하는 행위(강요) • 속칭 바바리맨을 하도록 강요하는 경우, 스스로 자해하거나 신체에 고통을 주는 경우 등이 강요죄에 해당
따돌림	• 따돌림	• 2명 이상의 학생들이 특정인이나 특정 집단의 학생들을 대상으로 지속적이거나 반복적으로 신체적 또는 심리적 공격을 가하여 고통을 느끼도록 하는 일체의 행위(따돌림) • 싫어하는 말로 바보 취급 등 놀리기, 빈정거림, 면박주기, 겁주는 행동, 골탕 먹이기, 비웃기, 다른 학생들과 어울리지 못하도록 막기 등

유형	학폭법 관련	예시 상황
성폭력	• 성폭력	• 폭행·협박 등 강제력을 동원한 성 행위(강간) • 폭행·협박 등 강제력을 동원한 유사 성 행위, 성기에 이물질 삽입 등으로 성적 모멸감을 느끼도록 하는 행위(강제 추행) • 상대의 의사에 반하는 신체 접촉 행위(성추행) • 성적인 말과 행동을 함으로써 상대방이 성적 굴욕감, 수치감을 느끼도록 하는 행위(성희롱) 등
사이버 폭력	• 사이버 따돌림 • 정보통신망을 이용한 음란·폭력 정보 등에 의해 신체·정신 또는 재산상 피해를 수반하는 행위	• 인터넷, 휴대전화 등 정보통신 기기를 이용하여 특정 학생들을 대상으로 지속적, 반복적으로 심리적 공격을 가하거나, 특정 학생과 관련된 개인 정보 또는 허위 사실을 유포하여 상대방이 고통을 느끼도록 하는 일체의 행위(사이버 따돌림) • 특정인에 대한 허위 글이나 개인의 사생활에 관한 사실을 인터넷, SNS, 카카오톡 등을 통해 불특정 다수에 공개하는 행위 • 정보통신망을 통해 성적 수치심을 주거나, 위협하는 내용, 조롱하는 글, 그림, 동영상 등을 유포하는 행위 • 휴대폰 등 정보통신망을 통해 공포심이나 불안감을 유발하는 문자, 음향, 영상 등을 반복적으로 보내는 행위

쌤은 아무것도 모르면서
저만 혼내고 그래요?

걔가 먼저 날 무시했어요.
누가 봐도 걔는 맞을 만했다고요.

교사 "왜 때렸어?"

학생 "아니에요. 걔가 먼저 때려서 저도 한 대 같이 때렸어요."

교사 (다른 학생들의 목격담 등 학생이 먼저 때렸다는 사실을 다 알려 준 후) "네가 먼저 때린 게 맞는 것 같은데?"

학생 "걔가 저도 같이 하자고 했는데 듣지도 않고 길을 막고 있잖아요. 그래서 비키라고 살짝 밀었는데, 걔는 세게 때리잖아요. 그래서 저도 그때 때린 건데?"

교사 (다시 살짝 민 것만이 아니고 분명 때렸다는 사실을 다시 확인해 준 후) "살짝만 민 게 아니고 때린 게 맞지?"

학생 "아씨. 쌤, 걔는 맨날 제 말 무시하고 짜증 나게 막 째려보고 그래요. 화가 나게 해서 때린 건데!"

"아니, 그 조그맣고 귀여운 애들도 거짓말을 해?"

초등학교 쌤인 제게 3살짜리 아이를 둔 친구 한 명이 물어본 질문이에요. 질문에 대한 답은 한 학부모님과 상담하던 중 학부모님이 하신 말씀으로 대신할게요.

"저희 아이가 거짓말을 했다는 게 너무 믿기지가 않네요. 절대 그런 거 모르는 아이라고 생각했는데…(눈물)."

네. 생각보다 아이들은 거짓말을 잘합니다. 방법도 다양합니다. 자기가 잘못해서 혼날 것 같을 때 자신이 잘못한 부분은 감추거나 기억나지 않는다고 말하기. 상대의 잘못을 과장하거나 때로는 없던 말이나 행동을 지어내기. 혹은 사건의 발생 순서를 바꿔서 말하기 등이 대표적입니다. 쌤은 그렇게 거짓말을 하는 아이들이 특별히 더 나빠서 그런다고 생각하지 않습니다. 혼날 것 같은 상황에서 본능적인 방어기제로 거짓말을 하는 경우가 대부분이기 때문이에요. 아이들에게 결코 악의가 있다고는 생각하지 않습니다.

초등학생은 어리고 순수해서 거짓말을 하지 않을 것이라 믿는 학부모님이나 어른들은 아이의 거짓말에 충격을 받기도 해요(그중에서도 특히나 저학년인 아이들은 더욱더). 하지만 쌤은 아이들이 당연히 그럴 수 있다고 믿고 있기에 그러려니 합니다. 그런데 그런 쌤에게도 위에 언급한 거짓말들을 지속적으로 해서 너무 충격을 받은 학생들이 몇몇 있었습니다. 1학년도, 4학년도, 5학년, 6학년도 있었으니 학년의 저·중·고를 가리지 않고 다 있었네요.

거짓말을 하는 학생들에게서는 비슷한 이야기 패턴이 보입니다. 처음에는 상대방이 먼저 자신을 때렸거나, 욕하는 등 명확하게 행동으로 보이는 잘못을 했다고 합니다. 그것이 거짓말이라는 것이 드러나면, 자기의 행동은 축소하고, 상대방의 행동은 크게 해석하는 '자기 해석'의 거짓말을 합니다. 그런 해석마저 잘못됐다는 것이 드러나면 그때는 상대방이 자기를 무시하는 말투로 이야기를 했다던가, 기분이 나쁘게 째려보는 등 자신만이 인지할 수 있는 정서적 잘못을 저질러서 그렇게 했다고 합니다.

다시 말해 '보이는 잘못→해석적인 행동→정서적인 잘못'의 단계로 거짓말을 밝힐 수 없게끔 이야기를 해나갑니다. 그래야 자신의 거짓말이 들키지 않을 수 있기 때문이지요. 이 모든 단계에서 보이는 공통적인 특징은 바로 상대방에게 잘못을 부여한다는 점입니다. 그리고 상대방이 잘못을 저질렀기 때문에 자신은 응당 그에 상응하는 행동을 할 수밖에 없었다고 이야기하는 점입니다. 쌤은 이 부분을 가장 주목하고 이야기하고 싶습니다. 쉽게 말하면 '맞을 짓을 했기 때문에 때렸다'는 주장입니다.

'맞을 짓' 혹시, 여러분도 이 말을 들어 봤나요?

그동안 살면서 쌤은 이 말을 참 많이 들어 본 것 같아요. 그리고 그때마다 궁금했어요.

도대체, 맞을 짓은 어떤 행동일까? 맞을 짓이라는 것을 정하는 기준은 무엇일까? 그리고 누가 정하는 것일까? 쌤은 개인적으로 '맞을 짓'이란 세상에 없다고 생각하는데 사람들은 대체 맞을 짓이란 말을 왜 계속 쓰는 것일까?

아마도 '곤장' 같이 때리는 형벌인 태형이 있던 시절부터 이 말이 쓰이지 않았을까 추측해 봅니다. 그 후 태형이라는 형벌은 인간의 존엄성을 해치기에 사라져 갔지만, 말은 여전히 사람들에게 남은 것이겠지요. 그래서 많은 사람들이 공감하는 잘못을 저지른 사람에 대해 들으면 "그 사람은 맞을 짓을 했구나."의 식으로 쓰이는 것 같습니다. 실제로 때리겠다거나, 태형을 줘야 한다는 것이 아니고요. 그만큼 못된 짓을 한 나쁜 사람에 대해 분노하는 관용적인 표현으로 쓰이는 것이지요.

관용적인 표현으로 쓰인다는 것은 실제로 때리겠다는 의미가 아니라 은유적인 표현입니다. 또한, 법적으로도 태형은 없어졌으니 사회적 약속으로 맞을 짓의 기준도 없는 것이지요. 그런데 왜 우리 주변에는 아직도 "걔가 그랬으니까(맞을 짓을 했으니까) 내가 그럴 수밖에(때릴 수밖에) 없었다."는 주장으로 친구를 때리는 이들이 있을까요? 마치 자신의 폭력에는 나름의 이유가 있었다는 식으로 주장하면서 말입니다.

먼저, 그런 이야기를 하는 친구들의 주장을 봅시다.

"상대방이 이런저런 행동을 해서(맞을 짓) 화가 나서 때렸다."

'맞을 짓'

혹시, 여러분도
이 말을 들어 봤나요?

이때 털어놓는 '상대방의 행동'은 너무나 다양하기 때문에 이런 저런 행동이라고 했습니다. 예컨대 이런 행동들입니다. 자꾸 꼴아봐서, 째려봐서, 기분 나쁘게 쳐다봐서, 나를 욕하는 것 같아서, 말투가 재수 없어서, 평소에 나한테만 틱틱 거려서, 내 말만 잘 안 받아 줘서 등등. 적기에는 너무 많아서 여러분이 생각하는 그 어떤 기분 나쁜 행동을 넣어도 상관이 없을 지경이지요.

어떤 행동이 되었든 그런 행동들이 맞을 짓이라고 판단하는 것은 누구일까요? 주변의 친구들? 선생님? 다 쓰기에도 부족한, 너무나 많은 행동들에 대해 맞을 짓이라고 판단하고 때리는 사람은 오직 폭력을 쓰는 그 친구뿐입니다.

즉, '맞을 짓'을 했다고 판단하는 주체는 늘 맞을 짓한 사람을 '때린 사람'이라는 것입니다. 나한테 어떤 행동을 한 사람에게 그 행동을 한 이유나 배경을 들어 보지도 않고, 그 행동에 대해 주변 사람들에게 조언이나 공통된 평가를 들어 본 것도 아니지요. 단지 내가 생각했을 때 '맞을 짓'을 했기 때문에 그 대상에게 그에 맞는 폭력을 행사했다는 것입니다. 내가 곧 기준을 정하는 사람이고, 그 기준에 따라 처벌을 해도 되는 사람이라는 생각이 스며들어 있는 셈입니다.

특히 아직 어린 학생들, 청소년들은 세상에 대한 경험이 많지 않기에, 관계나 행동을 보고 이해하는 시야도 좁기 마련입니다. 물론 학교에서 도덕과 윤리를 배우지만, 지금 자신이 옳다고 생각하는 믿음에는 분명한 한계가 있습니다. 사람마다 살아온 과정과 가치관이 다르기 때문에 '옳다'고 믿는 것도 다 다르며, '잘못'이라고 생각하는 행동들도 다 다르지요. 내가 생각하기에 '이 말투는 무례하고 나를 무시하는 말투다'라고 보는 것이 상대방에게는 전혀 문제가 되지 않는 것일 수 있습니다.

이와 마찬가지로, 세상에 절대적으로 공정한 사람이 있을 수 없습니다. 우리는 매일, 혹은 매시간 기분이 달라집니다. 또 그에 따라 판단도 달라집니다. 비 오는 아침이 감상적이어서 좋다고 하는 친구가 있는가 하면, 비 오는 아침에는 외출하기가 불편해 싫어하는 친구가 있기 마련이지요. 똑같은 일이라도 자기에게 일어난 일과, 다른 사람에게 일어난 일에 대한 기준이 다르기도 합니다. 그렇기에 절대적으로 공정한 사람은 찾기 어렵습니다.

하물며, '자기의 기준'으로 어떤 일을 판단해서 이에 대해 벌을 준다는 게 과연 공정한 판단을 했다고 할 수 있을까요? 게다가 그 벌이 폭력이라면요. 그것이 과연 정당한 대응이라고 볼 수 있을까요? 그것도 평소보다 감정이 격해진 상황에서 폭력을 행사한 판단이라면 더욱더 공정함에서는 멀어져 있을 것입니다.

따라서, '폭력'에 대한 '맞을 짓'이라는 변명은 어떤 상황에도 올바른 대응이 될 수 없답니다. 그것이 아무리 합리적인 판단이라고 생각하더라도 말이지요. 분노 상황에서 폭력을 저지른 자신에 대한 변명으로만 받아들여질 수밖에 없답니다.

혹 주변에 그런 일이 있지는 않았나요? 자신의 일이 아니라, 다른 친구의 일이었다면 어땠는지 생각해 보세요. 맞을 짓을 해서 때렸다고 하는 그 말에 그 어떤 핑계도 담겨 있지 않았는지 말이에요.

쌤은 그렇게 폭력의 이유를 상대방에게 돌리는 친구들, 그래서 자신은 억울하다고 말하는 친구들이 처음부터 그런 마음이었다고 생각하지는 않아요. 쌤이 교실에서 학생들과 생활하며 살펴보니 평소에 자기 마음을 말로 표현하는 것을 잘못해서 그러는 경우도 꽤 있더라고요. 애써 내 마음을 여러 번 표현했는데도 그것을 귀 기울여 들어 주는 친구나 어른이 없어서 결국은 폭력을 쓰는 상황도 여럿 보았어요.

하지만 그런 일이 몇 번 쌓이면 어느 순간부터는 문제를 폭력으로만 손쉽게 해결하는 이가 되기 쉬워요. 그렇게 친구나 약한 학생을 때리고는 그것에 나름의 정당성을 주장하며 책임을 피하려다 오히려 다른 사람들에게 신뢰를 잃어 더욱 소외되는 악순환도 많았어요.

참 안타까운 경우들이지만, 분명한 것은 세상에 '맞을 짓'이란 없고, 그 누구도 그 기준을 정해서 때릴 권리는 없다는 것입니다. 그러니, 행여 폭력을 행사하였다면 상대방이 맞을 짓을 해서 내가 그럴 수밖에 없었다고 변명하기보다는, 용기를 내어 자신의 잘못을 인정하세요. 그리고 그에 대한 용서를 구하세요. 그것이 가장 용감한 행동일 것입니다. 그렇게 하면, 적어도 자기의 변명에 대해 아무도 이해해 주지 않아 주변 사람들이 더욱 싫어지고 화가 나는, 그래서 자기가 소외되는 악순환에는 빠지지 않을 수 있습니다. 그리고 갈등 관계를 개선할 여러 방법을 찾을 수 있게 돼요.

이제 '그럴 만했다'는 억지를 부리는 것은 그만두고, 조금 더 용기를 내서 용서를 구해 보세요. 그렇게 하면 지금껏 내 이야기를 들어 주지 않고, 이해해 주지 않던 사람들이 내 이야기에 귀를 기울여 줄 것입니다. 지금 바로 그렇게 할 때입니다.

서영원 쌤

때린 것도 아니고
욕했다고 혼나는 건 좀 억울해요.

사실 욕은 다들 하는 거잖아요.
그게 무슨 폭력이에요?

요즘 TV 프로그램 중에

〈대국민 토크쇼 안녕하세요〉라는 프로가 있어요. 이 프로그램에서는 제보자가 직접 방송에 나와 자신의 고민거리를 털어놓는답니다. 방청객들이 그 고민을 듣고 '이건 정말 고민되는 일이다' 아니면 '그렇게 심각한 고민은 아니다'라는 판단을 하고 버튼을 눌러 투표하지요. 그렇게 눌린 버튼의 수가 많으면 '진짜 고민'으로 인정해 주고, 위로의 상품도 주는 방식입니다. 밤늦게 방송되지만 시청률도 높고 아주 인기가 많은 프로그램이지요.

그런데 이 프로그램에 여덟 살 아이가 제보자로 등장한 적이 있었어요. 최연소 참가자라 등장부터 주목을 받았지요. 그런데 더 관심을 끈 것은 고민의 내용입니다. 아버지가 일상적으로 자기에게 욕설을 매우 자주 한다는 것입니다.

"아빠가 매일매일 욕하고 인상을 써서 방학 때는 꼭 〈안녕하세요〉에 나오려고 생각하고 있었어요."
"저한테 아빠가 씨X이라고 하고, 개XX, 쌍X이라고 해요."

어린아이가 털어놓는 고민에 방청객과 진행자 모두 할 말을 잃었죠. 이 여덟 살짜리 아이는 아버지가 자신을 때려서 뉴스에 나오는 꿈도 꾸었다고 이야기했지요.

그날의 방송은 늘 그렇듯이 훈훈하게 마무리되었어요. 아버지는 자녀가 그렇게 상처받고 있는지 몰랐다며 사과했어요. 앞으로 욕을 하지 않도록 노력하겠다고 약속도 했지요. 아이는 "아빠 사랑해요."라며 머리 위로 하트를 만들었죠. 주변 사람들이 모두 박수를 치고 아이는 하트를 만들고 일상적으로 욕을 하던 아버지가 웃는 장면으로 끝이 납니다.

쌤은 이 방송을 보고 마음이 몹시 무거워졌어요. 방송 중에는 여덟 살 어린이에게 쏟아지는 이 욕설들이 얼마나 충격적인지를 강조하다가 끝에 가서는 갑자기 마무리되었기 때문이에요. 욕설도 행복한 가정에 있을 수 있는 소소한 잘못으로 귀결된 것만 같았지요. 그것도 아버지의 마음먹기에 따라 얼마든지 고칠 수 있는 것처럼 받아들여졌고요.

종종 쌤은 우리가 언어폭력에 대해 너무 쉽게 생각하고 있는 것을 실감할 때 당황스럽고 안타까워집니다. 어떤 때는 언어폭력을 너무 관대하고 가볍게 다루기도 합니다. 몸에 남긴 상처는 눈으로 확인할 수 있지만, 언어로 학대한 것은 보이지 않기 때문일까요? 언어폭력을 대하는 우리의 자세에는 피해자보다 가해자에게 관대해지는 측면이 꽤 많습니다. 또 '앞으로 고치면 되지'하는 생각도 팽배한 것 같고요. 이미 상처받은 피해자의 마음에 대해 충분히 알아보고 용서를 구하는 노력은 찾기 힘듭니다.

그래서 우리는 언어폭력을 목격할 때 어떤 태도와 어느 정도의 무게로 대해야 하는지, 그리고 어떤 맥락에서 바라볼지를 끊임없이 고민해야 해요. 어쩌면 그것은 우리가 언어폭력을 제대로 마주하게 하는 디딤돌이겠지요.

여러분도 "욕은 다 하는데요? 안 하는 게 더 이상해요."라고 생각할지 모르겠어요. 사실 정말 우리 학생들은 욕을 쉽게 하는 편입니다. 제가 있는 초등학교의 5학년 여자아이들도 하교시간에 함께 몰려 교문을 나서면서 쉴 새 없이 재잘거려요. 그런데 대화 도중에 항상 들려오는 말들이 있어요. 모든 대화의 중간 중간에 들어가 있는 추임새 같이요. 아이들은 "X라"는 말을 말끝마다 붙이더라고요. 몇몇 학생만 쓰는 게 아니고 거의 모든 학생들이 아무런 거리낌 없이 그렇게 말하고 있는 것을 보면, 정말 '안 하는 게 이상하다'고 생각할 수 있겠다 싶어요. 그 말은 좋을 때에도, 싫을 때에도, 뭔가가 맛있거나 맛없어도, 그리고 슬프거나 아플 때에도 튀어나와요. '좆, 씨발' 같은 말은 이제 욕도 아니고 일상 언어가 되어 버렸어요. 그만큼 욕에 대한 인식, 언어폭력에 대한 인식이 가벼워질 수밖에 없어지지요.

폭력에 대한 감각은
　　　　본능에 속합니다.

누가 나를 위협하는지, 내가 지금 누구를 위협하고 있는지,
내가 위축되어 있는지 억압하고 있는지를 느끼는 것은
　　　　본능과도 같아요.

언어폭력을 자주 가하는 학생은 "다들 그런 말을 해요."라고 이야기해요. 사실 이것은 굉장히 순진한 생각이기도 하답니다. 폭력에 대한 감각은 본능에 속합니다. 누가 나를 위협하는지, 내가 지금 누구를 위협하고 있는지, 내가 위축되어 있는지 억압하고 있는지를 느끼는 것은 본능과도 같아요. 누가 가르쳐 줄 수 있는 것이 아닙니다. 그것이 '주먹이 아닌 말'일지라도 그 속에 담긴 위협과 폭력성은 감지할 수 있어요.

때문에 "다들 그런 말을 해요."라는 접근은 문제를 순진하게 바라보는 것뿐 아니라 이 역시 언어폭력을 가볍게 무마시키는 태도이기도 해요. 이 점에서 피해자들에게 무례한 태도가 되기도 합니다. 이 대답은 폭력을 벌였을 때 느끼는 죄책감을 가볍게 하는 방법 중 하나일 뿐입니다.

그럼, 왜 십 대들이 욕을 일상적으로 쓰고, 마치 이 무렵의 유행처럼 욕을 내뱉을까요? 유독 이 무렵에는 조사를 뺀 대부분이 욕이고, 욕만이 아니라 위협하고, 비웃는 말도 자주 합니다. 가만히 생각해 보면 상대방의 약점을 건드리며 인격에 대한 모욕감을 주는 행위도 적지 않아요.

이런 행동에는 또래 집단에서 소외되거나 약해 보이지 않으려는 심리도 크게 작용한답니다. 다른 친구들보다 세어 보이고 싶거나, 존재감을 확실하게 보여 주고 싶은 마음이지요. 그것을 보여 줄 기회는 많지 않은데, 욕설과 언어적 위협은 그것을 보여 주는 손쉬운 방법이 됩니다. 거칠게 욕설을 하면 친구들보다 세다는 느낌이 들지요.

이처럼 십 대의 욕설 문화는 또래 집단 내에서 우위를 확보하려는 경쟁적인 과시 측면도 크답니다. 즉, 언어폭력은 어떤 물리적인 이득을 얻기 위해서가 아니라 자신의 우월성을 드러내 보이기 위해서 하는 행동인 것이지요. 하지만 십 대에서 이십 대로만 성장해도 이 욕설은 크게 줄어듭니다. 학교를 벗어나 사회로 나가면, 또 더 성장하게 되면 그것이 결코 '좋은 방식'이 아니라는 것을 깨닫게 되기 때문입니다.

반면, 청소년들이 하루에 가장 많은 시간을 보내는 학교에서는 사실 '공부' 외의 다른 '센 점'을 어필하기가 쉽지 않습니다. 마치 친구 관계가 아닌 경쟁 관계처럼 서로 '센 점'을 어필해야 하는 모습이 안타깝지만, 공부로 인정받지 못하면 자기 나름대로의 존재감으로 '센 척'이라도 할 수밖에 없는 것이 현실이지요. 상당수 언어폭력은 그 과정에서 생겨납니다. 그래서 언어폭력은 소위 말하는 몇몇 문제아들만이 아닌, 대부분의 학생들에게 일반화되고 있습니다. 약하거나 만만해 보이는 학생에게 무차별적으로 모든 학생이 하는 경우도 많아요.

하지만, 자신의 우월감을 위해 상대방의 자존심을 깎아내리고 인격을 모독하는 말도, 주먹을 쓴 폭력과 다름없는 상처를 상대에게 준다는 것을 알아야 합니다. 조정래의 소설 《풀꽃도 꽃이다》(해냄출판사)의 주인공인 강교민 선생님의 말이 기억납니다. 강선생은 "영혼에 입히는 상처는 육체에 입히는 상처보다 피해가 훨씬 더 크고 고통이 오래갈 수 있습니다. 육체에 입힌 상처는 의학적인 치료로 완치할 수 있지만 영혼에 입은 상처는 머릿속에 트라우마로 아로새겨져 평생토록 고통이 될 수 있습니다. 어쩌면 신체적 폭력보다 언어적 폭력이 더 큰 벌을 받아야 될지도 모릅니다"라고 말해요.

이 말을 증명이라도 하는 듯한 가슴 아픈 일이 있었어요. 2017년, 제가 근무하는 인천 지역의 중학교 3학년생이 10월 17일 오후 7시쯤 인천의 한 아파트 14층에서 뛰어내려 스스로 목숨을 끊었어요. 이 학생은 동급생들에게 심한 욕설과 협박에 시달려 온 것으로 나타났어요. 유족들이 경찰에 제출한 휴대전화 녹취 파일에는 험악한 욕설과 폭언이 가득했습니다.

"싸우자, 그냥. 왜 까불어, 짜증나게. 엄마 없잖아, X새끼야. 엄마도 없는 애가 까부냐고. 아비랑 왜 같이 살아. 아빠랑 같이 합의금 사기 치니까 좋아?"

이외에도 수차례 협박 전화를 받았다고 해요.

이 사건을 보면서, 저는 말에도 모양이 있다는 생각이 들었어요. 고로 말에는 촉감과 같은 것이 존재해요. 예를 들어, 날카로운 말들이 있는가 하면, 반대로 둥글둥글한 말이 있어요. 날카로운 말은 차가워서 그다지 만지고 싶지 않아요. 반면에 둥글둥글한 말은 쉽게 만질 수 있어 좋지만 어디로 튀어도 되는 공처럼 쓸모없어질 때도 있어요. 꽉 막힌 사각형 같은 말도 있어요. 앞뒤 연결되는 문맥을 잘라먹으며 자기 고집만 피우는 말이죠. 삼각형 같은 말도 있어요. 둥글둥글한 말과 직선으로 뻗은 말 사이에서 어느 쪽으로 갈까 머뭇거리며 눈치 보고 있는 얄미운 녀석입니다. 가장 밉상은 가시처럼 뾰족이 날이 돋은 말입니다. 같은 내용을 전달하더라도 꼭 그렇게 찌르면서 옵니다. 이처럼 말에는 촉감이 느껴져요. 그래서 말은 그 자체로 이미 행동인 것입니다.

아마도 우리 선조들은 이미 이 진실을 알고 있었던 것 같아요. "말에 가시가 있다", "발 없는 말이 천리 간다"라는 속담으로 이미 말을 하나의 행동하는 신체로 가정했으니 말이에요. 이처럼 말의 모양새는 행동입니다. 반드시 그 행동에는 책임이 따릅니다.

마음에 멍 자국을 남기는 언어폭력

주먹질로 코피를 터뜨리는 것만 폭력이 아닙니다. 욕설은 마음에 멍 자국을 남기는 폭력입니다. 하지만 갈수록 욕을 하는 아이들의 연령이 점점 낮아지고, 심해지고 있어요. 2016년 육아정책연구소가 유치원 및 어린이집 총 1000여 개 기관의 유아반 교사를 대상으로 설문 조사를 실시했어요. 그 결과를 보면, 전체 응답자의 50.2%는 기관 내에 유아들 간 따돌림이나 배척 현상을 목격한 경험이 있다고 답해요. 또 응답자의 36.7%는 유아들 간 욕이나 비속어 등 좋지 못한 언어를 사용한다고 답했어요. 유아들조차 이렇게 욕을 한다는 사실이 무척 충격적입니다. 이렇게 된 데에는 전반적인 우리 사회의 분위기도 큰 몫을 차지합니다.

대부분 학생들의 온오프라인 속 대화를 들여다보면 짜증, 화, 비난, 언성 높임, 분노, 원망, 비하 등 부정적인 정서와 표현이 상당히 많은 부분을 차지해요. 가만히 들으면 대화가 굉장히 폭력적이라는 것을 알게 됩니다. 사실 욕설이나 언어폭력은 아이들의 '개인적인' 문제로 보기는 어려워요. 그것은 학교 폭력과 마찬가지로 결과와 경쟁만을 중시하는 우리 사회가 가져온 당연한 현상이기도 합니다. 때문에 이제라도 우리 대화 속에 성과와 평가로 인한 부정적 정서가 팽배해 있다는 것을 인식하는 것이 중요합니다.

사회적인 성취와 성공만을 중요하게 여기는 분위기에서는 다른 사람과 평가에 민감해지게 마련입니다. 그래서 몸과 마음이 피곤하고 초조하며 쉽게 화를 내거나 우울해지기 쉽지요. 그 결과, 자극에 공격적이거나 무기력한 반응을 보이게 되는 것이지요. 그런 긴장을 푸는 방법 중 하나가 '욕을 하는 것'입니다. 욕을 하는 그 순간

만은 답답했던 가슴이 뻥 뚫리고 시원하다고 말하는 아이들이 많습니다. 그래서 욕을 주고받는 것에 대해 당사자들이 둔감한 경우도 있습니다.

그리고 그런 마음이 있기 때문에, 그저 욕하는 것을 타이르거나 야단치며 '고운 말 쓰기'를 애써 가르쳐도 별 효과가 없는 편입니다. 욕을 못하게 하는 것이 또 하나의 억압으로 작용하여 어른 앞에서는 입을 다물고 있다가 다른 곳에 가서 거칠게 풀어내는 일도 일어나고 있습니다. 따라서 중요한 것은 욕하는 것 자체보다는 그렇게 욕을 하게 된 동기와 배경에 대해 관심을 갖는 것입니다. 습관적으로 욕을 하고 자꾸 부정적인 말만 하게 된다면 한 번쯤 자신의 속마음을 털어놓는 기회를 가져야만 해요. 그렇게 자신의 속마음에 관심을 가지는 것으로 억압에 대한 긴장을 풀 수 있게 됩니다. 자기도 몰랐던 경쟁에 대한 스트레스, 혹은 억압되었던 부분을 있는 그대로 만나는 것이지요. 그렇게 되면 욕이 아닌 다른 방법으로 몸과 마음의 긴장을 해소할 수 있는 방법도 떠올릴 수 있게 된답니다.

김무태 쌤

따돌림은 그냥
유행 같은 거예요.

어쩌다 빠져들게 됐는지
저도 몰라요.

예전에는 가정 형편상의 이유로

전학과 자퇴를 하였다면, 요즘은 전학과 자퇴를 하는 이유로 가장 많이 언급되는 것이 바로 '따돌림'입니다. 중고등학생은 물론, 초등학생, 심지어 유치원에서도 '따돌림'이 시작된다고 하니 정말이지 따돌림이 마치 유행처럼 되어 버린 것 같습니다.

많은 학생들이 '따돌림'을 두려워하고, 왕따가 될까 불안에 떠는데도, 좀처럼 따돌림을 막을 수 없습니다. 따돌림을 가해하는 학생들조차 따돌리는 이유로 '그냥', '거슬려서' 같은 모호한 이유를 말합니다. 명확한 이유가 있는 경우보다 없는 경우가 더 많지요. 불과 몇 개월 전까지만 해도 절친했던 친구가 피해 학생이 되는 일도 있습니다. 아이들은 '어쩌다 따돌리게 되었는지'에 대한 것도 정확하게 기억하지 않습니다. 그냥 따돌림을 당하는 아이가 있고, 현재는 그 아이가 '대상'이 된 것일 뿐이지요. 상황이 이러니 따돌림을 막는 방안도 엄청난 효과를 발휘하지는 못하는 듯합니다.

따돌림은 사실 피해 학생에게 왕따가 될 만한 이유를 찾기보다는, 가해 학생들의 내면 상태에 초점을 맞추는 것이 사태를 파악하기에 더 빠른 방법일지 모릅니다. 가해 학생의 마음 상태를 상담해 보면, 세어 보이는 겉모습과 달리, 낮은 자존감과 자기 효능감이 나오는 경우가 많기 때문입니다. 교실은 우리 사회의 경쟁적인 분위기를 고스란히 닮아 있습니다. 친구에게 심한 열등의식을 느끼기 좋은 환경, 반대로 우월감이나 자기 효능감을 맛보기는 어려운 환경에서 십 대들은 자라납니다. 그렇다 보니, 한없이 경쟁하면서 항상 높은 목표만 추구하고, 자기도 모르게 내 가치를 자꾸만 낮추어 보게 됩니다. 그러다 자신의 존재감을 느끼기 위해, 또 자신의 힘을 느끼기 위해 자기보다 못한 대상을 찾아 힘을 행사하고 싶은 마음이 들게 되는 것이지요.

이런 의미에서 '따돌림'은 관계의 폭력이라고 할 수 있습니다. 하지만 이 관계의 폭력에 빠지면 누구도 다치지 않을 수 없습니다. 피해 학생만이 아니라, 가해 학생도 심각한 심리적인 상처를 받게 됩니다.

우리가 따돌리게 된 이유

우리가 즐겨 보는 액션 영화에서는 싸움을 잘하는 주인공이나 '히어로'가 나와 아주 멋있게 문제를 해결합니다. 많은 사람들이 이런 영화를 보면서 느끼는 쾌감 중에는 '대리만족'도 꽤 크게 차지합니다. 평소 내가 강한 사람들 앞에서 주눅이 들었다면, 영화 속 주인공에 감정을 이입해 강한 사람 앞에서도 당당하며 어깨에 힘이 들어가는 착각을 하는 것이지요. 그런데 이러한 대리만족이 학교 폭력 현장에서도 일어납니다.

가해 학생은 내가 평소에 나 자신이 남보다 열등하고, 뛰어나지 않다고 느꼈는데, 나보다 더 약해 보이고, 막 대해도 될 것 같은 피해 학생에게 힘을 과시하는 것이지요. 그러면서 어떤 쾌감을 느끼게 됩니다. 마치 내가 힘이 세진 주인공이 된 것 같은 기분이 들면서, 우월감을 느끼고 더 강해진 것 같은 느낌이 듭니다. 그것은 평소 거의 느껴 볼 수 없던 감정이기에 더욱 달콤하게 느껴집니다.

이처럼 폭력을 행사하는 학생이 실상은 가장 불안한 심리 상태에 놓여 있는 일이 많습니다. 가해 학생의 상황을 들여다보면, 낮은 자존감, 지지가 거의 없는 환경, 불안정한 소통 방식으로 상처를 당하는 일이 다반사인 경우가 많습니다. 불우한 가정, 또는 부모님의 억압에서 비롯된 소외감을 극복하기 위해 또래 집단을 만들고, 어울려 다니면서 세력을 과시하는 것이지요. 자신을 뒤따르는 무리들을 거느리며 자신의 존재감을 확인하려는 것입니다. 이처럼 가해 학생이 심리적인 상처, 트라우마를 감당하기 위한 비뚤어진 생존방식으로 '학교 폭력, 따돌림'을 하게 된다는 것이 참 씁쓸합니다.

가해 학생 스스로 자신의 마음에 자리한 나약한 내면에 관심을

'따돌림'은 관계의 폭력이라고 할 수 있습니다.

하지만 이 관계의 폭력에 빠지면
누구도 다치지 않을 수 없습니다.

피해 학생만이 아니라,
가해 학생도 심각한 심리적인 상처를 받게 됩니다.

기울여야 합니다. 자신의 속에 있는 문제를 제대로 해결하는 방법을 찾아야지, 그러지 않고 남에게 힘을 과시하면서 해소하려고 한다면 반드시 그에 대한 책임을 몇 곱절은 더 지게 됩니다. 어느 순간, '왜 이렇게까지 되었지?' '왜 여기까지 왔지?'라는 후회가 찾아오게 되기 때문입니다. 아직 덜 자란 청소년기에는 그런 감정이 절대 찾아오지 않을 거라고 생각할지도 모르겠어요. 하지만 시간이 조금만 지난다면, 여러분이 조금만 더 성장한다면, 남을 괴롭힌 행동이 자신에게 얼마나 큰 죄책감과 꼬리표로 남을지 알 수 있게 됩니다.

그러니 더 큰 후회가 찾아오기 전에 지금 해결해야 합니다. 자신의 삶에 좀 더 충실하고, 이제부터라도 제대로 해보고 싶다면 좀 더 내 마음에 관심을 가져 보았으면 합니다. 그렇게 하면 '그냥', '거슬려서', '재수 없어서' 따위로 얼버무렸던 이유 속에 담긴 진짜 이유를 알 수 있을 것입니다. 그 진짜 이유는 바로 내 마음속에 있다는 것을 말이에요.

폭행에 가담한 한 가해 학생이 양심의 가책을 느끼며 패거리에서 빠져 나오기 위해 분투하는 이야기를 담은 소설이 있습니다. 이 책의 주인공은 가해 학생이에요. 패거리에 휩쓸려 학교 폭력에 가담하지만, 이내 자신의 내면에 목소리에 귀 기울여 빠져나오기로 마음먹습니다. 바로 조규미 님이 쓰신 소설 《음성 메시지가 있습니다》(푸른책들)입니다.

이 소설을 읽어 보면 폭력을 일삼는 아이들이 실제로는 제일 마음이 약하고, 마음의 병이 많은 상태의 아이들이라는 것을 공감하게 될 거예요. 그리고 어느 순간 가해 학생들이 불쌍해 보이기도 합니다. 그리고 그 불쌍함의 대상으로 머무르고 싶지 않다는 마음도 들게 될 거예요. 자, 이야기 속으로 들어가 보도록 해요.

주인공 '진수'는 한 동네에 살고 있는 '윤재'와는 어릴 적 놀이 친구 사이입니다. 그런데 윤재가 중학교에 올라오면서 '외톨이 그림자'가 되는 바람에 진수는 윤재를 멀리해 버립니다. 윤재와 가깝게 지내면 자기도 왕따가 될 게 뻔해서지요. 게다가 진수는 학급에서 일진 멤버가 되었는데, 그림자와 같이 논다는 것은 말이 안 됩니다. 진수는 자기가 속한 패거리가 윤재에게 돈이나 물건을 빼앗을 때도 모른 척해 버립니다. 그러다 그 일로 징계까지 받게 되지요. 윤재는 결국 전학을 가버립니다. 하지만 진수는 윤재가 자기한테 도와 달라고 애원했는데 매몰차게 외면했던 기억이 남아 계속 괴롭기만 합니다.

그 일이 있고 난 후, 진수는 슬슬 패거리를 피하게 됩니다. 패거리들은 진수가 자기들을 배신했다면서 계속 그러면 가만 놔두지 않겠다고 협박합니다. 진수는 이제 자신이 집단 따돌림의 대상이 될 위기에 처한 것입니다. 그렇지만 진수는 다시 그 패거리와 어울려 지내기는 싫습니다. 동네 근처 공원에서 한 아이가 패거리들한테 괴롭힘을 당하는 걸 목격하면서 진수는 윤재에 대한 미안함이 더욱 커집니다. 그리고 더 이상 비겁하게 지내지 않겠다고 결심하게 되지요.

소설 속 가해 학생 진수가 '윤재'에 대한 미안함의 목소리에 귀 기울였듯이, 이제 자신의 마음이 들려주는 목소리를 더 자세히 들어 보았으면 해요. 어쩌면 마음에 상처가 있어 작은 일에도 크게 화를 내고 공격적으로 행동했던 것인지 모릅니다. 패거리를 지어 몰려다니고, 피해 학생을 따돌리며 괴롭히는 게 다 열등의식을 만회하기 위한 몸부림이라는 것을, 소설을 보면서 더 잘 느낄 수 있을 거예요.

집단 따돌림 같은 관계 폭력을 휘두르고 있다면, 자신이 어쩌면 그런 관계 폭력의 피해자였을지도 모릅니다. 자신이 얼마나 아픈지도 모르면서 계속해서 상처 내는 행동을 이제는 멈추어야 합니다. 자신의 마음을 스스로 위로해 주세요. 남을 통해서 자신의 존재감을 확인하려 들지 말고, 이제 스스로 자신의 가치를 인정해 주어야 합니다. 스스로를 존중해 준다면, 다른 사람 역시 존중받아야 마땅하다는 것도 깨우치게 됩니다. 누군가를 따돌리고 싶어진다면, 누군가가 눈에 거슬려 눌러 주고 싶다면, 그건 내 마음이 지금 위태롭다는 신호입니다. 내 마음을 내 스스로가 홀대하고 있다는 증거입니다.

그러니 자신의 마음을 잘 살피고, 돌본다면 그러한 마음 역시 줄어들 것입니다.

이한수 쌤

여기서 멈추는 거요?
전 언제든 가능해요.

이러다 제가 멈추고 싶을 때
멈추면 되지요. 뭐.

폭력이란 과연

무엇일까요? 다른 사람에게 신체적인 상해는 물론 심리적 피해를 입히는 것을 우리는 폭력이라고 하지요. 신체적 조롱이나 욕 등 인격을 모욕하는 언어폭력뿐 아니라 왕따나 소외시키는 행동처럼 정서적 폭력도 해당됩니다. 또한 다른 사람의 이익을 일방적으로 침해하는 모든 행위도 폭력에 들어갑니다. 우리의 평화롭고 안전한 삶을 방해하는 모든 것을 폭력이라고 말할 수 있어요.

어떤가요? 생각보다 폭력의 범위가 넓지요? 너무 세세하게 따지고 들었나 싶은 생각이 들지도 모르지만 엄연한 사실입니다. 이만큼 폭력의 범위를 잡아 보면 우리는 친구들을 마음 놓고 대하거나 내딴에는 친근함을 표시하는 행동이었던 것이 상대방에게는 폭력처럼 다가갔을지 모른다는 생각이 들 때도 있습니다.

이렇게 의도치 않게 다른 사람에게 폭력을 가하는 친구들을 살펴보면, 가정과 사회의 문제가 자신의 마음속에 들어와 큰 영향을 끼치고 있을 가능성이 많습니다. 나도 모르게 그 영향을 받아 폭력으로 나타내는 것이지요. 이를테면, 집에서 너무 억압을 받거나,

내 맘대로 하지 못한 것들이 너무 많아 화가 나거나, 가족이나 어른들로부터 너그럽게 받아들여진 경험이 부족했을 경우입니다. 그 울분들이 자신의 마음에 큰 영향을 끼칩니다. 그리고 그것이 폭력으로 표출되어 버리는 것이지요.

이러한 경우에는 결코 폭력을 가해하는 친구조차 자신이 폭력을 저지른다는 자각이 덜합니다. 그렇기에 폭력의 심각성도 크게 느끼지 못하고 되풀이하게 되지요. 자신도 모르게 폭력에 중독되어 가는지…. 스스로도 잘 알지 못합니다.

점점 폭력에 과감해지는 상민이의 이야기를 해볼까 해요. 이 이야기는 선생님이 직접 상담하고 상민이를 지켜보면서, 거기에 또 다른 선생님들께 들은 이야기를 더한 내용들입니다.

상민이는 장난꾸러기 학생이었어요. 초등학교 4학년 때도 장난이 무척이나 심했지요. 한번은 현장 학습에 가서 친구들이 점심을 먹고 있는 숲에서 "선생님, 뱀 나왔어요!"라고 뛰어다니며 소리를 질렀답니다. 그래서 반 친구들 전체가 혼비백산하며 도망쳐 나온 적도 있지요. 무척 불쾌해하는 친구들이 많았는데도, 상민이는 그저 참 재미난 일로만 여겼지요.

상민이는 6학년이 되니까 뭔가 힘이 세진 것 같아 이 힘을 실험해 보고 싶었나 봐요. 어느 날은 종이 칼을 들고 이리저리 휘두르며 아이들을 찌르고 다녔어요. 그러다 마침 화장실에서 나온 진호를 발견했어요. 진호에게 이리 와보라고 했는데 이 자식이 멀리 달아나는 게 아니겠어요.

진호는 평소 친구들도 별로 없고 할머니와 함께 어렵게 사는 친구였지요. 상민이는 달아나는 진호를 쫓아가 붙들었어요. 그랬더니 진호가 "아씨, 왜 그래!" 하면서 제법 저항하는 게 아니겠어요. 상민이는 저도 모르게 화가 솟구쳤다고 합니다. 그래서 한 대 때렸다고 해요. 그러자 진호도 주먹을 휘둘렀어요. 상민이는 "어쭈?" 하면서 그런 진호를 발로 한 대 차버렸대요. 진호는 뒤로 벌렁 넘어졌고요. 그래서 눕혀 놓은 김에 상민이는 진호의 얼굴을 퍽퍽 가격해 버렸지요.

그때 아이들이 둘의 모습을 다 보고 있는데 상민이는 이상하게 쾌감이 들었어요. 자기가 승리한 것 같았지요. 이 일 때문에 학교 폭력 위원회까지 열렸지만 말이에요.

학교 폭력이요? 그거 별거 아니에요. 상민이는 이 일이 그렇게 심각한 일이 아니라고 생각했어요. 그냥 엄마가 오고 진호에게 자신이 사과하고 사이좋게 지내라고 하면 그렇게 하면 되는 거라고…. 상민이는 그렇게 생각했어요.

그러다가 또 이런 일이 일어났어요. 상민이와 같은 반인 친구 상희는 혼자 다니는 편이에요. 친구들과도 좀처럼 말하지 않는 아이지요. 상민이는 조별 활동을 하면서 아무것도 안 하고 가만히 있는 상희가 좀 우스워 보였어요. 말수도 없는데 가끔 엉뚱한 소리를 하는 게 더 웃겨서 대놓고 크게 웃거나 못 들은 척을 하기도 했지요. 몰래 상희의 책을 찢거나 공책을 숨기기도 했습니다. 상희는 상민이의 계속되는 조롱을 듣다가 급기야 상민이에게 욕을 했어요. 이 때 상민이는 치미는 화를 이기지 못해 상희의 얼굴을 세게 때렸지요. 상희는 그만 코뼈가 부러지고 말았습니다.

또다시 폭력위원회가 열렸어요. 하지만 상민이는 이번에도 '이건 정말 큰일이 아닌데…'라고 생각했어요. 상희가 엄연히 먼저 욕을 했으니까 억울하기도 했어요.

그런데 상민이는 기분이 나쁘면 자꾸만 화가 치솟듯이 벌컥 난다는 사실과, 그럴 때마다 자신이 주먹부터 휘두르고 있다는 사실은 잊고 있는 것 같았어요. 그건 그렇게 별일이 아니라고 생각하는 것 같았지요.

"그거 사실 별일이 아니에요. 어른들 눈에만 심각해 보이는 거라고요. 저는 싸운 친구와 다시 잘 지낼 수도 있어요."

상민이뿐만이 아니라, 많은 가해 학생들이 '자신의 폭력'에 대해 이런 생각을 가지고 있어요. '자신의 폭력은 그리 심각한 수준이 아니라는 것' 그리고 '지금 일어난 문제는 언제든 다시 회복할 수 있고, 멈출 수도 있는 것'이라고 믿고 있지요. 심지어 피해 학생이나 선생님, 어른들이 무척 '오버하고 있다'고 보기도 합니다. 주변 환경과 마음속 여러 작용 때문인지도 모릅니다만, 믿기 힘들 정도로 자신의 폭력에 대한 자각이 덜합니다. 하지만 피해를 받은 학생은 어떨까요?

아까 말했듯이 '폭력'은 신체적 상해만 해당되는 것이 아닙니다. 심리적, 정서적인 영역은 물론 '옳고 안전하다고 믿었던 규범과 가치'까지 침해해 버리지요. 폭력을 당한 학생은 심한 모욕감으로 수치심을 느끼게 됩니다. 그 후에도 대인공포증이나 외상 후 스트레스 장애를 겪게 되고요. 급기야 학교를 그만두거나, 자해나 자살과 같은 끔찍한 결말을 맞게 되기도 합니다.

진호와 상희도 이런 괴로움을 겪어야만 했어요. 상민이와의 일이 있은 후 두 친구는 눈에 띄게 위축된 모습으로 학교생활을 했어요. 너무 창피하고, 억울해서 학교에 가고 싶지 않았다고 해요. 멀리서 상민이만 봐도 상희는 눈물이 나고 가슴이 뛴다고 합니다. 더 이상 아무것도 하고 싶지 않고, 학교에서의 시간이 너무도 견디기 힘들어졌다고 해요.

악의를 가지고 의도한 것이 아니라고 해도, 그 피해를 받은 사람은 깊은 상처를 받아 이미 돌이킬 수 없는 상황에 다다릅니다. 과연 악의가 없었다는 이유로, 상민이가 말한 것처럼 별거 아닌 일이 될 수 있을까요? 과연 상민이에게 이와 비슷한 일이 다음번에는 일어나지 않을까요? 아니 일어난다고 해도, 그 일이 '심각한 폭력'이라는 것을 알 수 있을까요?

폭력에 중독되어 가는 줄도 모르고

많은 상처가 그렇듯이, 처음에는 사소한 장난으로 시작되고는 합니다. 친구들 사이에 흔히 있는 놀림과 장난, 별로 대단하지 않은 이유로 툭툭 건드리면서 시작하게 됩니다. 그러면서 상대방의 반응이 흥미를 끕니다. 까칠한 반응이 자신의 울분을 자극하기도 하지요. 상대방이 당황해하는 모습을 보이면 우습기도 합니다. 상대방이 무덤덤해하면 나를 무시하는 것 같아 좀 짜증이 나기도 하고요. 다양한 이유로 인해 상대방을 더 크게 건드리게 되지요. 그러면서 점점 폭력의 수레바퀴에 올라타게 됩니다. 폭력의 바퀴는 점점 빨리 돌아가게 되고, 더 강해져만 가지요. 주변 사람 모두가 멈춰야

"그거 사실 별일이 아니에요.

어른들 눈에만 심각해 보이는 거라고요.
저는 싸운 친구와 다시 잘 지낼 수도 있어요."

한다고 말리지만, 절대 멈추지 못합니다. 사실 자신이 달리고 있는 지도 몰랐거든요.

얼마 전 여고 1학년생이 선배와 동급생들에게 집단 폭행을 당한 사건이 있었습니다. 피해 학생이 의식불명 상태에 빠져 신문에도 났지요. 학교 수업을 마친 뒤 여고생을 인근 초등학교 운동장으로 데려가 1시간 동안 얼굴과 몸을 마구 때렸습니다. 사건의 전말을 이러했습니다. 선배와 동급생이 모인 이유는 '그 아이가 선배와 친구들을 무시하고 잘난 체한다. 이번 기회에 버릇을 고쳐 주겠다'였습니다. 처음에는 충고를 주겠다는 의도였지요. (이 의도 자체도 문제가 꽤 있습니다. 누군가의 '버릇을 고쳐 준다'는 것 자체가 얼마나 일방적이고 폭력에 물든 시각인지요.)

가벼운(?) 의도를 갖고, 어느 정도 겁을 줄 생각으로 시작된 폭행은 지옥과 다름없는 결말을 맞이했습니다. 거기에 있던 어느 누구도 의식불명이라는 결말을 떠올려 본 이는 없었을 겁니다. 하지만, 실제로 펼쳐진 것은 '집단 폭행으로 친구를 의식불명에 빠트린 가해 행동'이었지요.

폭력을 행사한 아이들이 중간에라도 멈추었다면 어땠을까요? 적어도 친구의 인생을 송두리째 망가뜨리는 일만큼은 막았을 것이에요. 그런데 왜 멈추지 못했을까요? 멈추기 싫어서였을까요?

자신의 폭력에 중독성이 있다는 것을 자각하지 않는다면, 절대로 '멈출 수 없습니다.' 더구나 집단 구타나 집단 왕따 같은 경우, 죄의식도 나누어 갖기 때문에 더더욱 잔인해지거나, 지속적으로 이어질 수 있습니다. 처음에는 '가벼운 장난'으로 시작한 행동이 돌이킬 수 없는 폭력이 되어 가는 것입니다.

지금 나를 향한 화살을 당기는 줄도 모르고

나폴레옹이 말년에 비참한 최후를 맞이하며 이렇게 말했다고 해요. "지금 나의 불행은 언젠가 내가 잘못 보낸 시간의 결과"라고요. 지금의 행동이 먼 훗날, 아니 몇 년 후, 몇 시간 후에 나와 연결되어 있습니다. 인생에 공짜는 없습니다. 지금 나의 행동이 습관이 되어 나를 공격하는 날이 오게 됩니다.

이 대목에서 우리나라 최고의 광고인 이제석 씨의 광고 사진을 하나 소개할 게요. 어딘가를 향해 드리운 총구가 무섭게 번뜩입니다. 그 총구는 과연 어디를 겨누고 있을까요? 그 사진의 실체는 바로 이렇습니다.

〈출처: 이제석광고연구소 www.jeski.org〉

즉 내가 쏜 총에 내가 맞기 마련입니다. 결국 돌아오는 것이지요. 가벼운 장난, 혹은 사소한 시비일 뿐이라고 생각했다면, 다시 돌아보는 자세가 필요합니다. 폭력이 얼마나 세어진 줄도 모르고 있었다면 내가 어떻게 멈추어야 할지를 심각하게 고민해야 합니다.

폭력은 자신의 욕망이 채워지지 않아 나오기도 합니다. 적절한 욕망은 사람을 앞으로 이끄는 원동력이 되지만 자신과 맞지 않거나 상황을 넘어설 때, 그리고 자신보다는 다른 사람에 의해 채워질 때 비뚤어지게 됩니다. 이것을 극복하는 방법은 스스로 자신을 돌보는 것입니다. 자신이 지금 정말 원하는 게 무엇인지, 하고자 하는 게 뭔지 생각해 보세요. 지금 엉뚱한 데에 화풀이를 하고 있는 것이라면 진짜를 해결해야 화풀이도 막을 수 있습니다. 즉 스스로의 자존감을 키워야 다른 사람을 향한 폭력도 적어질 수 있지요.

또한 폭력은 휘두를수록 점점 빈도가 잦아지고 강도도 세집니다. 게다가 한 사람, 두 사람, 그 그룹, 사회로 점차 확대되어 갑니다. 사실 대부분의 가해자들은 원래 피해자였습니다. 앞서 말했듯이, 주변 환경, 혹은 가정에서 은연중에 물리적으로 혹은 심리적으로 폭력의 영향을 받아서 다른 사람에게도 폭력을 행사하게 되지요. 그러니 내가 멈추지 않는다면 나 또한 다른 가해자를 만들어 내게 됩니다. 지금 당장! 멈추지 않는다면 말입니다.

저도 억울해요.

그때 분위기에 휩쓸려서
같이 있었을 뿐인데,
얼결에 가해자가 됐다고요.

학교에는 선생님마다

처리할 행정 업무가 있답니다. 쌤은 2016년에, 학생부에서 '학교 폭력 및 선도위원회' 업무를 담당하게 되었어요. 처음 해보는 업무라 부담이 컸지요. 그런데 공교롭게도 새 학기가 시작되기 전인 2월에 일이 터지고 말았어요. 게다가 쌤은 이전에 학교 폭력 업무를 맡았던 선생님께서 다른 학교로 전근을 가시는 바람에, 인수인계조차 받지 못한 상황이었는데 말이죠. 정신이 없었지만, 돌이켜 보면 2월의 칼바람만큼이나 날카로운 생각거리를 안겨 준 그날의 일은 이러했어요.

갑식이라는 학생이 종업식 날, 친한 친구들과 교실에서 장난으로 노예 계약서를 썼다고 합니다. 졸업을 하게 되면, 갑식이 '갑'이 되고 을동이 '을'이 되어 을동이가 갑식이의 노예가 되어야 한다는 내용으로요. 그런데 마침 이 계약서를 그냥 버리지 않고, 을동이가 주머니에 넣어 두고 다녔어요. 그러다가, 을동의 아버지가 이 계약서를 우연히 보게 된 거예요.

아무리 장난이라 하더라도, 부모님이 보기에 자기 자식이 노예가 된다는 계약서가 있다면 화가 나는 것은 당연하겠지요. 실은 을동이도 부모님께 당시에는 조금 기분이 나빴다고 했나 봐요. 그런데 친하게 지내던 친구들과 말 그대로 '장난'을 친 거라고 생각해서 덮어 둔 거라고 했고요. 그래서 아버지는 학교에 전화를 걸어 자초지정을 물어봤대요. 갑식이가 을동에게 정식으로 사과를 하면 학교 폭력으로 신고하지는 않겠다면서요.

아버님의 요구대로 갑식이와 갑식의 어머니는 을동에게, 그리고 을동의 부모님께도 진심을 다해 사과하고 용서를 구했어요. 하마터면 큰 학교 폭력 사안이 되어 멋모르고 관련됐던 친구들이 전부 학교 폭력의 가해자가 될 뻔했지요. 좋게 마무리되기는 했지만, 어쩐지 씁쓸한 기분이 남은 것은 어쩔 수 없었어요. 그야말로 여러 갈래의 고민거리를 안겨 준 선생님의 첫 학교 폭력 처리 업무였습니다.

아무리 내부적으로 해결된 사안이라도, 재발 방지와 선도를 위해 학생부에서는 학생들을 자체적으로 지도해야 합니다. 그래서 선생님은 갑식 이외에도 노예 계약서를 쓸 당시에 같이 있던 친구들을 모두 불러 상담했어요. 그리고 질문했습니다.

"장난 삼아 쓴 계약서라고 했지만, 계약상 노예가 될 뻔했던 을동의 입장이 되어 보길 바라. 갑식이랑 네가 잘못한 것은 뭘까?"

친구들은 질문에 대한 답이 한결같았어요. 대부분 웃으면서 장난치는 분위기라 특별한 죄의식을 느끼지 못했다는 거예요. 장난이 조금 심하다는 생각이 들었어도, 분위기에 휩쓸려 갔다는 것이지요. 그래서 갑식의 행동을 거들며 '동조(同調, Conformity)'하게 됐다고 말한 학생도 있었고요. 노예 계약서를 주도적으로 쓴 갑식이조차도 학생부에 처음 왔을 때는 자신이 학교 폭력의 가해자로 지목된 사실에 억울해 하기도 했어요.

조용한 가해자의 변명, 동조에 대하여

혹시 여러분 중에도 주변의 분위기에 휩쓸려, 옳지 않은 답이나 적절치 않은 행동에 동조하거나 부화뇌동(附和雷同) 했던 적은 없나요? 나 혼자 외톨이가 될까 두려워, 친구들이 잘못하는데도 불구하고 모른 척하며 따라 한 적은 없었나요? 자신이 속한 집단에서 홀로 남겨지는 것에 대한 두려움 때문에 말이죠.

만약 그랬던 적이 있더라도 아직 죄책감까지 느낄 필요는 없어요. 인간이란 아주 강하기도 하지만 때론 비겁하고 약한 존재이기도 하거든요. 이런 인간의 심리나 사회적 현상을 자연스럽게 보는 학자들도 있어요. 예를 들어 프랑스 사회심리학자 실뱅 들루베(Sylvain Delouvee)는 동조 현상을 다수의 영향력에 순응하는 줏대 없는 사람들의 행동으로 해석하기보다는, 많은 구성원들이 공동

나 혼자 외톨이가 될까 두려워,
친구들이 잘못하는데도 불구하고

모른 척하며
따라 한 적은 없었나요?

자신이 속한 집단에서
홀로 남겨지는 것에 대한

두려움 때문에 말이죠.

규칙을 지켜야 유지될 수 있는 사회나 조직에는 반드시 필요한 인간 심리나 사회 원리 중 하나라고 말합니다.

이처럼 동조는 조직이나 집단생활에서 '하나의 기능'으로 작용하기도 해요. 때문에 집단에 속한 구성원이 동조를 거스르는 것은 굉장히 부담을 느끼는 일이 될 것입니다. 이 동조의 압박이 얼마나 센지를 알아볼 수 있는 실험이 있습니다.

하버드대학교의 사회심리학자 솔로몬 애시(Solomon Asch)는 제2차 세계대전 때, 수많은 독일인이 왜 유대인 대량 학살에 편승했는지를 알아보고자 했습니다. 당시 독일인들이 동조의 압박으로 '유대인 대량 학살'이라는 끔찍한 짓을 저질렀다고 생각했던 것이지요. 애시가 실험한 내용은 다음과 같아요.

「정답이 A번으로 어느 누구도 쉽게 맞출 수 있는 한 문제가 있다고 가정하자. 이 문제를 풀 참가자 5명 중 1명은 실험 대상자이고, 나머지 4명은 모두 오답 B를 정답이라고 말하도록 사전에 약속해 놓았다. 실험이 시작되고 5명이 순서대로 주어진 문제의 답을 말하게 된다. 실험 대상자를 제외한 나머지 4명이 먼저 오답 B가 정답이라고 말했다. 이것을 지켜본 실험 대상자가 마지막 차례에 문제를 풀 때, 정답을 A로 말할 가능성은 몇 %일까?」

연구 결과는 당대의 사람들에게 큰 충격을 주었다고 합니다. 무려 75% 정도의 사람들이 오답 B를 정답이라고 말했기 때문이에요. 이 연구 결과로 인해 인간은 선택의 상황에서, 주변의 상황과 집단의 동조 압박을 크게 받는 존재라는 걸 인정할 수밖에 없었습니다.

그런데 말이죠. 동조의 압박이 아무리 심했다고 해도 2차 세계대전 때 독일인들의 만행을 이해하거나 용서할 수는 없는 노릇이지 않을까요? 마찬가지로 그러면 안 되는 줄 알면서도, 폭력 분위기에 휩쓸려 가해자의 언행에 동조했다면, 그래서 피해자에게 더 큰 상처를 주는 결과를 가져왔다면요. 그러면 어떻게 봐야 할까요? 이것은 분명한 폭력 행위로 간주해야 되지 않을까요?

학교 폭력을 선구적으로 연구해 온 학자 중 한 명인 노르웨이의 댄 올베우스(Dan Olweus)는 다음과 같은 주장을 했어요.

"교실 내 학교 폭력은 은밀하게 이루어지기보다는 다른 학생들이 지켜보는 가운데 의도를 지닌 채 발생한다는 특징이 있다. 가해자는 다른 학생들의 시선을 이끌어 자신이 강함을 으스대기 위해 욕설, 놀림, 신체적 공격을 취한다. 그리고 이런 방식으로 어떤 가해 학생이 학교 폭력을 일으키면 그 현장에 있는 학생들은 크게 가해자, 피해자, 방관자로 나뉘게 된다. 이때 주목할 부분은 방관하는 학생의 수가 가해 학생과 피해 학생 수보다 훨씬 많다는 것이며, 그 종류도 매우 다양하다는 사실이다."

그러면서 올베우스는 괴롭힘의 상황이 발생하면 그 현장에는 가해자와 피해자를 포함해서 8가지 부류의 학생들이 있다고 보았습니다.

괴롭힘을 주도하지 않지만 함께 괴롭히는 '동조자', 겉으로는 욕하거나 때리지 않지만 웃거나 손뼉을 치는 모습을 보이는 '조력자', 조력자와 같은 모습을 보이지 않지만 속으로는 가해자를 멋있다고 생각하고 자기도 그렇게 되고 싶다고 생각하는 '소극적 조력자', 책을 보거나 음악을 들으며 아예 관심을 갖지 않는 '방관자', 돕고 싶지만 용기가 없어서 또는 방법을 몰라 돕지 못하는 '소극적 방어자', 피해 학생을 구체적인 행동으로 도와주는 '적극적 방어자'로요.

결론적으로, '피해자'와 '적극적 방어자'를 제외하고, 동조자를 포함한 나머지 다섯 부류의 학생들은 전부 학교 폭력의 조용한 '가해자'인 셈이죠.

부끄럽지만 고백하건대, 이에 따른다면 쌤도 폭력의 가해자가 되어 본 적이 있습니다. 쌤은 병역특례병으로, 인천 주안 공단의 어느 한 공장에서 가스 실린더를 만드는 일에 종사했어요. 그때의 일이었지요. 특례병 15명 정도가 군 복무를 대신해서 근무하고 있었는데, 이 중 쌤보다 한 살 어린 '덕수'라는 동생이 있었어요.

덕수는 평범한 인상으로, 주변 사람들을 편안하게 해주는 소탈한 성격의 동생이었어요. 성실하고 마음씨도 착해 같이 일하는 아주머니들에게 인기도 많았고요. 쌤과도 공감하는 부분이 많아 금세 친해지게 되었죠. 게다가 고향이 충주인 쌤은 초등학교 3학년 때 인천으로 이사를 와서 고향에 대한 향수가 컸는데, 덕수의 고향도 충주였어요. 그래서 쌤은 덕수와 더욱 가까운 사이로 지냈답니다. 둘이 충주로 여행을 가서 덕수의 고향 친구들과 밤새 술을 마시기도 했답니다.

그런데, 어느 날부터인가 10명 정도 그룹을 지어 몰려다니는 특례병들이 덕수를 따돌리기 시작했어요. 10명의 무리에서 나이가 제일 많고 싸움을 잘해 리더라 할 수 있는 김군이 덕수를 미워해서였죠. 그런데 쌤은 덕수도 좋았지만, 김군은 물론 10명의 무리들과도 친하게 지내고 싶었어요. 결국 덕수가 힘들어 하는 걸 알면서도 분위기에 이끌려 쌤조차 서서히 덕수와 멀어지게 되었죠.

그렇게 소원하게 지낼 무렵, 공장 뒤편 쉼터에서 우연히 덕수를 만나게 됐어요. 불편한 마음이 있었지만 속내를 감추고 앉아 있었는데, 덕수가 먼저 말을 건네 왔어요.

"형, 나한테 왜 이래?"

"응? 내가 뭘?"

쌤은 아무 일이 없었다는 듯 답했지만, 정말 아무렇지 않은 것은 아니었어요. 그저 딱히 더 할 수 있는 말이 없었어요.

"형까지 이러면 안 되는 거잖아."

덕수는 그렇게 말하고는 뒤돌아 다시 현장으로 돌아갔어요. 그 이후로 쌤은 덕수와 어떤 얘기도 나눌 수 없었습니다. 근무 기간이 끝나고 나서는 연락도 못하게 되었고요.

이렇게 시간이 흘러 15년이 지났는데도, 선생님은 덕수와 마지막 나누었던 그 몇 마디와 덕수의 표정을 잊지 못하고 있습니다. '내가 왜 그랬을까?' 후회만 하면서요. 그리운 마음에 보고 싶어도, 어디서 무얼 하는지 알 수가 없으니 아쉬움만 더 커지네요. 아마도 이게 쌤이 덕수에게 준 상처의 대가인가 봐요.

쌤의 과거를 참회하다 보니 죄책감이 듭니다. 이런 글을 쓸 자격은 있는지 자책감도 들고요. 지금의 삶도 더 잘 챙겨 봐야 할 것 같다는 생각이 드네요. 지금도 누군가에게 '동조라는 명목으로' 상처를 주고 있지는 않은지 말이에요.

한때, 영화배우 유오성 씨가 나와 "모두가 '예'라고 할 때 '아니오'라고 할 수 있는 친구, 그 친구가 좋다."는 문구로 인기를 얻은 TV 광고가 있었어요. 사회적 동물인 인간에게 집단의 힘은 무시할 수 없을 만큼 막강합니다. 그러나 '나'라는 한 사람의 용기와 올바른 선택으로 내 주변의 다른 사람들이 잘못된 동조를 하지 않는다면, 이

것이 훨씬 더 가치 있는 일이 아닐까요?

여러분도 이제는 많은 친구들이 폭력 분위기에 휩쓸려 무작정 '네'라고 말할 때, 용기를 갖고 '아니오!'라고 말할 수 있었으면 좋겠습니다. 장난처럼 무심하게, 또는 이기적인 생각만으로 폭력 행위에 동조했던 일이 누군가에게는 평생 씻을 수 없는 상처로 남을 수 있거든요. 그리고 그 상처는 양날의 칼처럼 결국 나에게 돌아올 수도 있으니까요.

한상원 쌤

친밀하고 익숙한 친구들도 이제는 너무도 낯설다.
교실도, 학교도 내게는 너무도 낯선 공간이 되어 버렸다.
전과 같은 공간이지만,
그곳에서 나만 어울리지 않게 동떨어진 존재가 된 것 같다.

sight.2

피해자

친구와 교실이
너무도 두려워진 그날의 이야기

나는
영원한 약자인가요?

"

매일 보는 하늘도
그날 이후 달라졌다는 고백,
집, 교실, 학원, 길목
늘 가던 곳이
제일 두려워졌다는 말,
가장 큰 상처는 아마도,
몸과 마음에 남는 상흔보다
누구도 믿을 수 없다는
인간에 대한 불신일 것입니다.

3월의 하늘은 뭔가 외롭고 허전하다. 익숙하면서도 낯설게 느껴지는 것은 비단 감정만은 아니다. 친밀하고 익숙한 친구들도 이제는 너무도 낯설다. 교실도, 학교도 내게는 너무도 낯선 공간이 되어 버렸다. 전과 같은 공간이지만, 그곳에서 나만 어울리지 않게 동떨어진 존재가 된 것 같다.

아무 일도 없었다. 나는 아무것도 하지 않았다. 그런데 왜? 언제부터였을까?

"야, 이연서 너 우리 반이냐? 어디서 재수 없게……."

처음에는 뒤의 말을 잘못 들었나 싶었다. 1학년 때 같은 반인 혜련이었다. 그때는 같은 반이었지만 친하지도 않았고, 그 아이와 부딪힌 적도 없었다. 그래서 '재수 없게'라는 말을 잘못 들은 줄 알았다. 나로서는 정말 이해할 수 없는 말이었으니까.

하지만 난 묻지 못했다. 왜냐고……. 가시가 박힌 그 애의 말과 잡아먹을 듯한 눈빛이 반박할 수 없을 정도로 무서웠기 때문이다. 그래서 나는 순간 고개를 푹 숙이고야 말았다. 못 들은 척한 것이다. 나는 왜 그랬을까?

그 후로 시작됐다. 혜련이의 주변으로 아이들이 몰려오면서 나를 몰아붙이듯이 보는 시선들이 늘어났다. 이유 없는 아이들의 폭언이 쏟아져 나오기도 했다.

"재수 없는 년, 내 눈 앞에서 그 큰 머리 좀 치워 줄래? 아침부터 네 얼굴 보면, 밥맛이 뚝 떨어진다고, 알아?"

"쟤가 앉은 자리에서 무슨 냄새나는 거 같지 않아? 썩은 내 말이야. 아, 더러워. 괜히 별명이 걸레겠어? 아, 불쌍한 표정 좀 하지 말아 줄래? 아무도 너한테 관심 없거든?"

"우리니까 너한테 말 붙여 주는 줄이나 알아. 얘들아 알고 있니? 걸레도 종류가 있는 거, 똥걸레, 개걸레. 그래도 더러운 건 마찬가지네. 푸하하하."

온몸이 사시나무 떨듯이 떨려 온다. 아이들의 입 모양을 보는 것이 두렵다. 폭언과 욕설은 푹 숙인 내 뒤통수에 머물다 사라졌다. 내 감정 같은 건 정말 쓰레기보다 못한 취급을 받고 있다. 자기들끼리 웃고 떠들더니 민정이가 갑자기 먹고 있던 요구르트를 엎지르고는 눈빛으로 바닥을 한 번, 내 얼굴을 한 번 쳐다봤다.

"야, 걸레 뭐해? 교실에 요구르트를 흘렸잖아. 걸레니까 얼른 닦아야지?"

그 순간, 아이들의 얼굴은 더 이상 아이들로 보이지 않았다. 마치 뱀이 내 몸을 휘감고 놓아주지 않는 것만 같았다. 소름이 끼치고 끔찍했다. 차마 고개를 들 엄두가 나지 않았다. 민정이 옆에는 혜련이가 있었기 때문에 더욱더 용기가 나지 않아 그저 치마를 꼭 부여잡았다. 이 순간이 어서 끝나기를, 마음속으로 빌고 또 빌었다. 아이들의 웃음소리도, 민정이의 빈정거림도, 만족스러운 얼굴로 보는 혜련이도 아무것도 기억하고 싶지 않았다.

누군가의 입에서 걸레라는 단어가 나올 때마다 아이들은 나를 바라봤고, 조롱 섞인 야유나 웃음이 함께 따라왔다. 누구 하나 그 이유를 설명해 주지 않지만 모두 그 이유를 알고 있는 것만 같았다. 나는 이렇게 간절히 외치고 싶었다.

'내가 뭘 잘못했어? 왜 나한테 이러는 거야? 왜 나를 걸레라고 하는 거야? 걸레라고 부르지 마!'

학교에 가는 게 두려웠다. 내 자리로 가서 앉는다는 것이 죽기보다 싫었다. 무엇보다 견디기 어려운 건 내가 교실 문을 열고 들어가면 갑자기 조용해지면서 그 누구도 나와 눈을 마주치려 하지 않는 거였다. 나는 철저히 혼자였다. 그 적막함은 내가 자리에 앉고 나면 사라졌지만 시끄럽게 떠드는 목소리 속에서 내 이름을 불러 주는 이는 없었다. 지독한 외로움과 고통 속에 지내고 있으면서도 이유를 알 수는 없었다.

아무도 나와 대화할 생각이 없어 보였기에 말이다. 나는 점점 지쳐 갔고, 몸도 마음도 축 쳐져 살아 있지만 죽어 있는 것 같은 기분이었다. 이유를 안들 지금의 일들이 바로잡아질까? 방법이 없었다. 탈출구가 없는 지옥행 열차를 탄 거 같은 기분이다. 이 고통을 끝낼 방법은 정말 없는 걸까?

매일 보는 하늘도 그날 이후 달라졌다는 고백.
　집, 교실, 학원, 길목

늘 가던 곳이 제일 두려워졌다는 말.
　가장 큰 상처는 아마도, 몸과 마음에 남는 상흔보다

누구도 믿을 수 없다는
　인간에 대한 불신일 것입니다.

더 이상 그 일을
떠올리고 싶지 않아요.

그 일만 생각하면,
그 기억만 떠오르면
죽고만 싶어진다고요.

누군가에게 미움을

당한다는 것은 어떤 것일까요?

우리는 누군가에 미움을 당할 때, 누군가 나를 밀어내고 있을 때, 그것을 꼭 말로 표현하지 않아도 알아채고는 합니다. 이것은 아주 어린아이들도 느낄 수 있습니다. 어린아이들도 어떤 어른이 더 자신을 좋아하는지, 혹은 탐탁지 않아 하는지를 바로 알아챕니다. 티내려 하지 않아도 마음속 거부는 너무도 솔직하게 드러나기 때문이지요.

누구나 이런 경험이 있을 것입니다. 나를 흘낏 보는 그 친구의 눈짓에서, 내 말을 일부러 듣고도 답하지 않는 그 친구의 행동에서, 나의 잘못에 크게 웃음을 터트리는 그 친구의 모습 등에서 '아 저 사람이 나를 좋아하지 않는구나'를 알아챌 수 있었던 경험 말입니다.

누군가에게 미움을 당하고 있다는 것은 무척이나 힘겨운 일입니다. 베스트셀러가 된 심리학 책 《미움받을 용기》만 봐도, 누군가에게 미움을 받는다는 것을 감당하는 데는 많은 심리적 에너지가 필요하다는 것을 알 수 있습니다. 우리가 성장해 갈수록 더 많은 관계를 맺게 되는데, 그 관계가 잘 이루어져야만 우리는 자신에 대한 좋은 이미지를 만들 수 있습니다. 그것은 우리가 사회적 존재이고, 관계 속에서 자기를 확인하며 살아가는 존재이기에 그렇습니다. 그런데 다른 사람에게 내가 미움을 받는다고 느낀다면 그 사람과의 관계도 순탄하게 맺어지지 않을 것입니다.

그뿐만이 아닙니다. 우리의 자존감도 푹 꺼져 버리게 되겠지요. 자신감도 떨어지면서 더 이상 스스로 가치 없는 존재라 느껴지기도 합니다. 미움을 당한다는 것은 이토록 무서운 영향력을 끼칩니다. 하지만 그렇다고 평생 살면서 나를 좋아해 주는 사람만 만날 수도 없습니다. 우리의 삶은 다양한 사람과 갈등으로 가득 차 있기 때문입니다. 그렇기에 우리는 타인의 미움 앞에 좀 더 상처받지 않는 방법을 잘 찾고 배워 나가야 하는 것이지요.

그저 느낌으로 오는 미움만으로도 이렇게 자존감에 큰 영향을 끼치는데, '미움의 폭주 상태'라 할 수 있는 폭력은 우리 자존감에 얼마나 큰 상처를 남길까요? 누군가에게 폭력을 당한다는 것은 내 신체는 물론, 내 인격에 치명타를 입는 것과 마찬가지입니다. 폭력으로 상처받은 자존감과 인격은 시간이 지난다고 해서 쉽게 치유되지 않습니다. 폭력을 당한 사람들이 이따금 아무 대처도 못하고 얼음처럼 굳어 버리는 이유는, 자신에 대한 기본적인 존중이 이미 꺾여 공포와 패닉에 빠진 상태이기 때문입니다. 그리고 이 꺾인 자존감은 쉽사리 회복되지 못합니다.

'내가 이렇게 폭력을 당할 만큼 뭘 잘못했나?'란 억울함과 분노, 패배감, 우울감, 두려움, 공포, 낮은 자기효능감 등 다양한 심리적 상흔을 안고 가게 됩니다. 이러한 상흔은 눈에 보이지도 않아 다른 사람들이 잘 알아채지도 못합니다. 그저 나 혼자 끙끙 앓듯이 심리적인 고통을 느끼기 때문에 다른 사람과 공감대를 이루기도 쉽지 않지요.

내 스스로 폭력을 당한 경험을 제대로 살피고 치유해야 하는 이유는 여기에 있습니다. 가장 먼저 자기 자신이 폭력을 당한 상처를 잘 치유하려고 노력해야 합니다.

그런데 실제로는 정반대일 경우가 많습니다. 피해를 당한 쪽이 오히려 자신의 경험을 숨기고, 심리적 고통도 모른 척하기 일쑤입니다. 마음의 상처를 건드린다는 것 자체가 너무도 두렵고, 수치스러우며, 더 나아가 그때의 공포를 불러오기 때문이지요. 그 공포감 때문에 무턱대고 심리적 고통을 덮어 두지만, 그렇게 하면 상처는 그대로 곪아 더 큰 아픔을 가져오게 됩니다. 그러한 아픔을 생생히 묘사한 소설 《우아한 거짓말》 속 이야기를 한번 들여다볼까 해요.

"무섭다, 아프다, 괴롭다"라고 말해도, 충분히 아파해도 괜찮아요

학생들 간에 이루어진 따돌림인 왕따, 은따는 일명 '관계로 때리는 폭력'이라고도 할 수 있습니다. 그것을 당한 사람은 자존감이 무너지고, 심리적 고통에 일상까지 피폐해지게 됩니다. 소설《우아한 거짓말》에는 이 따돌림으로 인해 자살을 선택한 아이 '천지'가 나옵니다. 천지의 언니 만지는 갑작스러운 동생의 죽음에 하늘이 무너질 듯이 슬프면서 당혹스럽습니다. 동생 천지가 따돌림을 당했고, 그 따돌림으로 인해 자살을 했다고 하는데, 집에서는 도통 그런 내색을 보이지 않았기 때문입니다. 내색은커녕 오히려 엄마의 말씀도 잘 듣고, 학교생활도 잘해 내는 무척이나 착하고 모범적인 동생이었지요.

하지만 실제로 천지는 무척 친했던 화연이란 친구와 소원해지다가, 화연이를 중심으로 친구들로부터 따돌림을 당하고 있는 상황이었습니다. 친구 관계에서 '없는 사람'이 된 채 무력하게 학교생활을 해나가던 천지. 천지가 느낀 심리적 고통이 얼마나 컸는지는 절대로 주변 사람들은 알 수 없었습니다. 왜냐면 천지는 절대 그 고통을 털어놓거나, 티내지 않았기 때문입니다.

아마도 무수한 나날 동안 천지는 자신의 고통을 꾹꾹 속으로만 눌러두었을 겁니다. 그렇게 속으로만 곪다가 극단적인 선택으로 고통을 끝내는 길을 택한 것이 아닐까요? 어쩌면 더 버틸 힘이 없을 때까지 천지는 버티려고 했을지 모릅니다. 언니 만지는 동생 천지의 고통을 몰랐던 자기 자신을 원망하면서 생각합니다. '천지는 왜 아무 말도 하지 않았을까?' 만일 버틸 힘이 다 떨어졌다고 생각했을 때 주변 사람에게 '나 아프다. 나 좀 도와 달라.'는 말 한마디를 했더라면 상황은 어떻게 되었을까요?

지금 학교 폭력을 당한 '그 일'에 대해 떠올리는 것조차 힘겨워 무턱대고 덮어 두고 있다면, 어쩌면 자신을 가장 크게 괴롭히는 존재는 자기 자신일지도 모릅니다.

밤에 자려고 누웠다가도 몸서리치게 끔찍한 기억이 떠올라 괴롭다면, 이제 그 기억을 꺼내 직시해야 할 때가 온 것입니다. 애써 일상생활을 해나가더라도 자꾸만 수시로 두렵고, 친구들을 보기가 무섭다면 이제 그 일에 대한 기억을 충분히 살피고, 보듬고, 괜찮다고 말해 줄 시간이 필요합니다. 그리고 무조건적으로 그때의 자신을 지지해 줘야 합니다. '네 잘못이 아니라고. 부끄러워할 필요가 없다고. 아프고, 속상하다면 그것을 소리 내어 말해도 괜찮다고' 말입니다.

그렇게 해서 더는 스스로 자신을 아프게 만드는 일은 없었으면 합니다.

"전학을 가도 그 학교에 소문을 낼 거래요. 끝까지 저를 괴롭힐 거래요."

폭력을 당한 학생들은 학교 폭력이 끝나지 않을 것 같다는 두려움에 몸서리를 칩니다. 그 두려움을 못 이겨 극단적인 선택을 하는 일도 생겨납니다. 언제고 그 친구가 다시 나를 괴롭힐 거라는 공포, 다시 친구를 제대로 사귈 수 없을 것 같다는 실망감에 자꾸만 움츠러들지요. 감수성이 발달한 십 대 청소년기에 당한 몸과 마음의 상처가 얼마나 아플지 생각만 해도 안타까워집니다.

막 벌어진 상처가 아물 시간은 충분히 주어야 합니다. 또래에게 부당한 폭력 행위를 당했는데, 가해 학생의 사과나 처벌도 이루어지고, 모든 상황이 종료되었다고 해서 상처가 바로 아물게 되는 것은 아닙니다. 충분히 아픈 상처가 천천히 나을 시간을 주어야 합니다. 그때까지는 자신의 마음을 보호하는 차원에서 움츠러들어도, 괜찮습니다. 감정적으로 널뛰어도, 그래서 소극적으로 지내도, 괜찮습니다. 그것은 당연한 과정입니다. 주변에 양해를 구해서라도 자신의 마음이 충분히 진정될 때까지 기다려 주는 것이 필요합니다.

어느 정도 진정되고, 충분히 아플 시간을 주었다면, 이제는 그 상처에 대해 좀 더 당당하게 나서야 합니다. 앞서도 이야기했지만, 학교 폭력이 벌어진 것은 피해 학생의 잘못이 아니기 때문입니다.

잘못한 것도 없는데, 죄지은 사람처럼 굴 필요도 없습니다. 내 의지와 상관없이 상처를 입게 되었지만, 그동안 충분히 상처를 들여다보았고, 그에 대해 의연하게 대처해 왔습니다. 나의 잘못이 아니며, 내가 충분히 괜찮은 사람이며, 위로받아 마땅하다고 끊임없이 지지의 말을 스스로에게 해주도록 합니다. 필요하다면, 가족이나 친한 친구에게 이런 위로의 말을 끊임없이 부탁해도 좋습니다. 무조건적인 지지의 말로 조금씩 상처 앞에 당당해져 갈 수 있습니다.

이렇게 내 상처에 당당해질 수 있다면, 조금씩 그 상처를 딛고 더 나은 관계를 맺어 나갈 용기가 생기게 됩니다. 무너진 자존감도 다시 회복할 수 있을 것입니다.

'전학 가도 소문낼 거라며' 두려워하는 마음은 내 상처에 당당하지 못한 태도입니다. 내 상처에 당당하다면 '전학 가서 소문을 내도' 두려워할 사람은 내가 아니라 오히려 가해 학생임을 알게 될 것입니다. 내 안에 미움을 감당하고, 미움에 휘둘리지 않을 심리적 에너지가 있기 때문입니다. 내 안에 이런 심리적 에너지가 있다고 믿으면, 다시 친구를 사귈 수 있다는 마음도 생겨납니다. 또한 스스로 괜찮은 사람으로 나를 대우한다면 주변 사람들도 내게 문제가 있었던 것이 아니라, 가해 학생의 모함과 잘못이었음을 깨닫게 될 것입니다.

어떻게
용기를 낼 수 있나요?

실제적인 방법을
알고 싶어요.

"차라리 숨는 게 나아요.

더 안전해요. 용기를 내서 도와 달라는 말을 하는 것보다요."

피해 학생들의 솔직한 심정을 들을 때마다 쌤은 잠시 할 말을 잃게 됩니다. 피해 학생이 느끼는 감정에는 폭력을 향한 두려움도 있지만, 학교나 어른들을 향한 불신도 들어 있는 것이 느껴지기 때문이에요. 절실히 도움이 필요할 때 곁에 있어 주지 못했다는 죄책감, 그것이 쌤의 마음을 힘들게 합니다. 그리고 동시에 안타까운 마음이 듭니다. 두렵고 불안하지만, 그럼에도 숨는 것보다는 자신의 상처와 직면하고 치유하는 것이 더 도움이 되기 때문이에요.

시간이 지나 괜찮은 듯 보여도 폭행은 몸과 마음에 큰 상흔을 남긴다는 것은 변하지 않습니다. 그저 들추기 힘들다고 무조건 덮어 두고 있으면 어떤 형태로든 상처는 그 흔적을 남기게 됩니다. 폭행을 당한 것은 내 의지가 아니었지만, 그 폭행의 흔적으로 앞으로 시달림을 당할지, 아니면 상처를 딛고 치유하고 당당하게 살아갈지는 내 의지의 영역이 될 수 있어요. 그렇기 때문에 피해자에게는 반

119

드시 도움과 치유가 필요합니다. 그런데 현실에서는 안타깝게도, 학교 폭력이 일어나면 피해 학생들은 숨어 있거나, 자신의 상황을 홀로 삭히는 경우가 많습니다. 도움을 받고 싶어도 실상 어떻게 대처하는 것이 자신에게 나을지 몰라 속병을 앓고 있는 것입니다.

이러한 친구들에게 무조건 학교를 믿고 용기를 내라고 말하는 것은 어떻게 보면 조금 무책임한 말이 될 수도 있다는 생각이 들어요. 실제로 자신의 일을 선생님과 학교가 얼마나 잘 처리해 줄지에 대한 믿음도 약한 상황이라면 더더욱요. 불안과 불신으로 가득한 상태에서 먼저 손을 내미는 일은 더한 혼란을 줄 수도 있기 때문입니다. 그래서 쌤은 제도가 준비한 학교 폭력에 대한 대처 과정에 대해 안내해 주려고 합니다.

"신고를 하면 제가 당한 일이 다 기록에 남잖아요. 그 기록이 나중에 꼬리표가 되어 저에게 불이익이 되면 어떻게 해요?"

학교 폭력이 일어나면 학교에서는 어떤 식으로 접근하고 해결해 나갈까요? 학교의 상황에서 말해 볼게요. 피해 학생이 폭력을 당해서, 학생부에 신고하거나 112, 혹은 117로 신고를 했을 경우, 학교 폭력 사안에 대해 조사가 시작됩니다. 이때 신고에 대해 망설이는 친구들이 많이 있습니다. 신고를 하고 나면 가해자들이 나중에 보복하지 않을까 걱정되기 때문이지요. 한편으로, 학교폭력대책자치위원회의 처분 내용이 생활기록부에 기록되면 가해 학생들이 고등학교나 대학교에 갈 때 불이익을 받게 된다는 주변의 동정 어린 소리에 마음이 약해지거나, 그로 인한 보복이 두려워서 고민하기도 합니다.

어떤 피해 학생은 학교 폭력을 당한 사실도 생활기록부에 기재되는 것은 아닌지 걱정하기도 합니다. 불안하고 무엇 하나 믿을 수 없는 마음에 두렵겠지만, 이러한 걱정은 한시름 놓아도 된답니다. 학교에서는 피해 학생을 보호하기 위한 조치로 행하는 심리 상담, 조언, 일시 보호, 치료와 치료를 위한 요양, 학급 교체 등에 대해 생활기록부에 절대 기재하지 않습니다.

"남들 앞에 드러나게 절 괴롭히는 게 아니라서요. 은밀하게 저만 아는 방식이라 학교 폭력으로 신고할 수 있을지 모르겠어요."

학교 폭력이 일어났다면 그 상황에 대해 다시금 확인하는 과정을 거칩니다. 다시 말해 '학교 폭력 예방 및 대책에 관한 법률'에서 정의하는 학교 폭력 상황인지를 살펴보는 것이지요. 학교 폭력 예방 및 대책에 관한 법률 제 2조에는 "학교 폭력이란 학교 내외에서 학생을 대상으로 발생한 상해, 폭행, 감금, 협박, 약취 · 유인, 명예 훼손·모욕, 공갈, 강요·강제적인 심부름 및 성폭력, 따돌림, 사이버 따돌림, 정보통신망을 이용한 음란·폭력 정보 등에 의하여 신체·정신 또는 재산상의 피해를 수반하는 행위를 말한다"고 정의되어 있어요. 우리가 흔히 생각하는 신체 상해, 언어폭력 말고도 학교 폭력에 해당하는 것은 생각보다 폭넓답니다. 따라서 아무리 사소한 일이라고 해도 정신적으로 피해를 입었다고 생각된다면 학교 폭력으로 여겨도 된다고 할 수 있어요.

"신고를 하게 되면 학교에서는 어떻게 처리하게 되나요? 절차적으로 어떻게 진행되는지도 궁금합니다."

일단 학교 폭력으로 신고하면 학교 폭력 담당 선생님이 24시간 내에 교육청에 학교 폭력이 발생했다는 보고를 하게 됩니다. 24시간을 넘기면 학교 측에서 학교 폭력을 축소하거나 은폐하려 했다는 의혹을 받게 되지요. 이 일로 학교 폭력 담당 선생님이 문책을 받게 될 수도 있기 때문에 신고 접수를 하면 교육청 보고까지는 바로 이루어진다고 봐도 돼요.

간혹 피해 학생들이 학교 폭력 담당 선생님과의 관계에서 불쾌감을 얻는 경우도 있어요. 예를 들어, 어떤 선생님은 "피해 학생이 평소에 약을 올렸거나 슬슬 화를 부추겼다"는 이유로 가해 학생이 오죽하면 폭력을 행사했겠느냐는 식의 태도를 보이기도 하지요. 하지만 피해 학생이 약을 올려서 원인을 제공했다고 할지라도 그것을 더 무서운 폭력으로 해결해서는 결코 안 되지요. 이러한 태도로 인해 피해 학생이 기분이 더 상하거나 정신적인 상처를 더 입을 수 있다는 것을 담당 선생님들도 반드시 알아야만 한답니다.

하지만, 그럼에도 현실에서 담당 선생님이 피해 학생의 처지만을 고려하지는 못하는 경우도 사실은 있어요. 피해 학생의 원인 제공이 너무도 확실히 드러나고, 가해 학생의 행동 수위가 미미했을 경우이지요. 이런 상황에 대해 사건만을 보고 가해 학생에 대해 징계 처분을 내리게 되면 생활기록부에 기재가 되므로 담당 선생님이 이것은 가혹하다고 생각하실 수도 있어요. 그래서 학생 사이의 일을 최대한 충분히 조사를 한 후, 가해 학생이 진심으로 사과하여 피해 학생의 마음을 풀어 주는 노력을 기울이는 것이지요. 학교폭력대책자치위원회를 여는 것을 원하지 않는다고 말하는 학생들도 꽤 있기도 하고요.

그러면 안 되지만, 학교폭력대책자치위원회가 열리는 것을 막기 위해서 피해 학생의 처지를 잘 살펴 주지 않는 선생님들도 있을 수 있어요. 일단 학교폭력대책자치위원회가 열리면 학교 폭력에 대한 객관적인 증거가 없거나 오인 신고인 경우에만 '학교 폭력 아님'으로 결정 나게 됩니다. 학교 폭력이 아니라고 결정 나는 경우를 빼고

두렵고 불안하지만,

그럼에도

숨는 것보다는 자신의 상처와 직면하고
치유하는 것이 더 도움이 되기 때문이에요.

는 어떤 처분이나 징계가 내려지게 돼요. 그리고 그것은 생활기록부에 기록되지요. 그래서 가해 학생의 학부모님들은 재심이나 행정 심판을 청구할 가능성이 높아요. '피해 학생이 먼저 말로 모욕했다든지, 뒷담화로 명예를 훼손하여 정신적인 폭력을 당했다'는 주장 등 각종 분쟁이 나올 여지가 많습니다. 이와 같은 이유로 사안이 심각하지 않다고 판단되면 학교폭력대책자치위원회를 열지 않고 자체적으로 해결하고 싶은 유혹에 빠지기 쉽지요. 그래서 피해 학생이 조사 과정에서 또다시 억울함을 느끼거나 불쾌해지는 상황들이 생겨나게 되는 것입니다. 이것은 담당 선생님께서 반드시 시정해야 할 부분이에요.

"신고하기로 마음은 먹었지만, 제 말을 잘 믿어 줄지 걱정이에요. 가해 학생의 편이 너무 많아서 제가 오히려 불리하게 될까 봐 두려워요."

아까 말했듯이 학교 폭력은 신고 후 24시간 이내에 이루어지는 조사가 제일 중요합니다. 혹시라도 나중에 가해 학생을 용서해 주게 되더라도, 일단 학교 폭력을 당했다는 객관적인 증거를 준비해 두는 것이 좋아요. 몸과 마음이 두려움에 떨리는 상황에서 증거를 마련하는 것이 쉽지 않겠지만, 그래도 신고 절차에 크게 도움이 됩니다.

　가해 학생이 휴대전화 문자나 SNS에서 괴롭혔다면 그 증거를 캡처해 두는 것이 좋아요. 폭행을 당했다면, 옷이 찢어진 상태라든지 멍이나 상처 난 부분을 사진으로 찍어 두세요. 상처가 심하다면 병원 치료를 받기 전에 의사 선생님에게 '폭행을 당했다'고 말해 두고 치료비를 의료 보험으로 처리해서는 안 됩니다. 상해인 경우, 의료 보험으로 처리하면 나중에 폭행으로 인정받지 못하는 경우가 있기 때문이에요. 경우에 따라서는 진단서도 발급받아야 합니다.

　옆에서 학교 폭력을 목격한 친구들이 있다면 나중에 목격자 진술서를 받아야 하는 경우가 있으니 그 친구들이 제 3자의 입장에서 객관적으로 목격한 것을 물어보고 나중에 진술서를 써줄 수 있는지 알아보는 것도 중요해요.

　이렇게 객관적인 증거를 가지고 담임 선생님이나 학교 폭력 담당선생님께 신고를 하면, 선생님이 더 심각하고 진지하게 사안을 받아들이실 거예요. 증거 없이 말로만 신고하는 것보다 훨씬 설득력을 갖게 됩니다.

　아니면 객관적인 증거를 갖춰서 112나 117에 전화로 신고해도 됩니다. 그러면 경찰은 사안을 조사한 후 학교 폭력이 확실하다고 판단되면 학교에 이를 통보하고, 학교는 경찰의 통보를 받았기 때문에 반드시 학교폭력대책자치위원회를 열어야 합니다. 폭력의 정도가 심하면 경찰은 형사 처분을 하면서 학교에 통보할 거예요. 아무래도 학교에는 관계된 사람이 많아 학교 폭력을 신고하기가 부담스럽다면 증거를 갖추어 112나 117에 신고해도 됩니다.

"신고를 하면 바로 학교폭력대책자치위원회가 열리게 되나요? 처분이나 조치로는 어떤 것들이 있나요?"

학교 폭력 신고가 접수되고 담당 선생님이 24시간 내에 교육청에 보고하면, 빠른 시일 내에 선생님들로 구성된 학교 폭력 전담기구가 열리게 됩니다. 이 사안이 학교 폭력인지 아닌지를 두고 토론하고, 학교 폭력이라 결정되면 긴급하게 피해 학생을 보호하기 위한 조치를 결정합니다. 즉, 가해 학생에게 '접촉 및 협박 금지'나 '보복 행위 금지' 등의 조치를 취하지요. 그리고 정식으로 학교폭력대책자치위원회를 열게 됩니다.

학교폭력대책자치위원회가 열리면 위원들은 가해 학생이 행한 폭력의 심각성, 지속성, 고의성을 살펴보고 가해 학생의 반성 정도, 선도 가능성, 가해 학생/보호자와 피해 학생/보호자 간의 화해 정도, 피해 학생이 장애 학생인지 여부를 고려하여 처분을 정합니다. 처분으로는 '피해 학생에 대한 서면 사과', '피해 학생/신고·고발 학생에 대한 접촉, 협박 및 보복 행동의 금지', '학교에서 봉사 활동', '사회봉사', '학내외 전문가에 의한 특별 교육 이수 또는 심리 치료', '출석 정지', '학급 교체', '전학', '퇴학' 중 하나 이상의 조치를 결정합니다.

학교 폭력 예방 및 대책에 관한 법률을 제정한 목적은 '피해 학생을 보호하고, 가해 학생을 선도·교육하며, 피해 학생과 가해 학생 간의 분쟁을 조정하여 학생의 인권을 보호하고 건전한 사회 구성원으로 육성하는 것'입니다. 이런 이유로 가해 학생의 사과와 화해를 굉장히 중요하게 생각합니다. 사과와 화해를 하면 반성 정도, 선도 가능성 등에서 좋은 평가를 받아 약한 처분을 받게 되기도 합니다. 그래서 간혹 가해 학생들 중에서는 진심으로 사과하지 않으면서 자치위원회에서는 거짓으로 사과와 반성하는 척을 하고 낮은 처분을 받기도 해요. 처분을 받고 나서는 피해 학생을 험담하고 괴롭히기도 하고요. 이럴 경우에는 "푸른나무 청예단"에 연락해 상담을 받으면 많은 도움이 됩니다. 청예단은 20년 넘도록 활동하고 있어 학교 폭력의 화해·분쟁 조정에 대한 노하우가 상당히 많답니다.

학교 폭력에 대한 학교 절차 등을 잘 살펴보았나요? 자신의 일에 대해서도 조금은 진정된 마음이 되었기를 바랍니다. 학교 선생님, 경찰 또는 상담사와 같은 어른들과 함께 소통하고 때로는 논리적이고 객관적으로 자신의 경험을 증명해야 할 때도 있어요. 이런 부분을 미리 알고 있다면 학교 폭력의 신고에 대해서도 막연한 마음이 아니라 뭔가 실제적인 마음가짐으로 대할 수 있을 거예요.

그저 덮어 두는 것으로 폭력을 끝내는 것은 나만이 아니라 폭력을 행한 가해 학생에게도 도움이 되지 않는 행동이에요. 자신의 행동에 대한 잘못을 확실히 짚어 나가는 과정에서 가해 학생도 나중에 사회인이 되었을 때 과오를 되풀이하지 않을 수 있을 거예요.

제 성격이 소극적이라서
따돌림을 당하는 것 같아요.

내가 바보 같아서…
문제가 있어서 말이에요.

"쌤, 저 모둠 활동

하지 않으면 안 되나요?"

다혜의 목소리는 너무도 힘이 없었습니다. 다혜는 모둠 활동을 너무도 힘들어 했거든요. 이런 일은 자주 있었어요. 다혜는 평소 함께 어울리는 친구 무리가 없어서 모둠 활동이나 체육 시간에 짝 지어 하는 활동에서 항상 마지막까지 혼자 남고는 했어요. 오늘은 그 과정이 너무도 힘들었는지 쌤을 찾아와 아예 모둠 활동을 하지 않겠다고 이야기하는 거지요. 다혜에게 모둠 활동에 참여하도록 부탁해서 돌려보냈지만, 쌤도 가슴에 답답함이 가시지 않았어요. 다혜의 표정에서 자존심이 상한 것을 느꼈거든요.

다혜가 친구들과 딱히 다툼이 있었던 것도 아니고, 무언가를 못 해 내는 편도 아니었어요. (설령 그렇다고 해서 따돌림을 당할 만한 것도 아니지만요.) 다혜가 친구들과 어울리지 않는 것은 다혜의 성향이 사실 말수가 적고, 혼자 있는 것을 좋아하기 때문이에요. 그렇다 보니 친구들이 다가와도 제대로 관심을 표현할 기회도 적었고, 친구들도 다혜의 존재를 알아 갈 기회가 별로 없었던 것이지요.

그렇게 학기 초에 친구 무리가 만들어지면서 다혜는 친구들과 함께할 기회를 갖지 못했어요. 시간이 지나며, 친구를 사귈 일들이 자연스럽게 있을 줄 알았는데, 그러지 못했던 것이지요. 친구들은 이미 끼리끼리의 문화가 더욱 강해지면서, 다혜에게 배타적인 태도를 취하는 친구들도 생겨났습니다.

뒤늦게라도 친구들과 함께 어울리려면, 더 적극적으로 친구들에게 다가가고, 자신을 어필해야 해요. 그런데 다혜는 성격상 그렇게 하는 것이 쉽지 않았어요. 다혜는 줄곧 혼자 밥을 먹고, 혼자 집에 갔어요. 그러다 보니 친구들도 다혜가 혼자 있는 것을 당연하게 생각하게 된 것이지요.

문제는 학교생활이 '모둠'을 만들어서 해내야 하는 수행 과제들이 꽤 있다 보니 '모둠'을 만들어야 할 때가 자주 생긴다는 거예요. 다혜는 맨 마지막에 남은 친구들끼리 뭉쳐서 만드는 모둠에 들어가는 일이 많아졌어요. 다혜는 그럴 때마다 수치심을 느끼고, 자존심이 상했습니다. 조용한 성격이지만 자존심이 강했던 다혜는 수치심을 느끼는 것을 내색하지 않으려 했어요. 하지만 그것도 한계에 다다른 듯했어요. 그래서 수행 평가 점수를 낮게 받더라도, 모둠 활동을 하지 않는 것이 낫다고 말하게 된 것이지요.

"제 성격을 바꾸고 싶어요. 저도 말도 잘하고, 친구들이랑 더 어울렸으면 좋겠어요."

처음은 그저 다혜의 조용한 성격으로 어울리지 못했던 것이 점차 다혜를 향한 은밀한 따돌림으로 퍼져 나갔어요. 모둠 내에서도 다혜는 친한 친구가 없어서, 연락을 제대로 못 받고 '왕따'가 되는 일이 생겼던 거예요. 친구들은 다혜를 빼고 카톡방을 개설해서 자기들끼리 이야기를 나누는 일도 있었어요. 모둠 과제를 위해 다 같이 모였을 때 친구들이 자기만 모르는 일을 말하자 다혜는 자신이 '은따'가 되었다는 것을 확신했어요. 은따가 되어 모둠에 참여하는 과정이 너무도 고통스러워 그냥 모둠에서 하차하는 것이 낫겠다고 생각하게 되었던 거예요.

'왜 이렇게 되었는지 모르겠다'고 말하는 다혜는 자신에게 문제가 있다고 생각하는 것 같았어요. 자신의 성격이 너무 소극적이라 따돌림을 당하는 거라고 여기는 것 같았어요. 쌤은 적극적으로 다혜에게 짝을 정해 주고, 모둠 활동에서 역할을 나눠 받는 것에 신경을 썼어요. 다행히 다혜의 짝이 된 친구는 다혜에게 배타적이지 않았고, 대화도 잘하게 되었어요. 애초에 다혜를 배타적으로 몰던 친구들이 많은 편은 아니었기에, 그렇지 않은 친구들은 다혜와 대화할 기회가 생기자 더 적극적으로 이야기해 나갈 수 있었지요. 그러면서 친구들도, 다혜도 서로 좀 더 마음을 열 기회를 얻을 수 있었어요. 지금은 다혜도 친구들과 어울리며 더 친한 사이가 되어 가려고 노력해 나가고 있답니다.

'따돌림을 당하기에 좋은 성격'은 없다

다혜의 생각처럼, '내성적이고 혼자 있기를 좋아하는 성향' 자체는 결코 문제가 아니랍니다. 그저 성격적인 특징일 뿐이지, 어떤 문제가 있는 성격이 절대 아니지요. 내성적인 성격은 좋지 않고, 외향적인 성격만이 좋은 것이 아니랍니다. 각 성격의 장단점이 있답니다. 단점은 보완하고 장점을 최대한 살려 가는 것이 중요할 뿐이지요.

'자기다움', 그것이 가장 자연스럽게 성장하는 길이기 때문이에요. 만일 문제가 있다면 내성적인 성격을 좋지 않게 보는 편견 어린 생각들이 문제일 거예요.

학교생활이란, 자기다움과 관계 없이 다양한 활동과 경험을 해 나가게 되므로, 그에 따라 원치 않는 문제들이 일어나기도 해요. 다혜처럼 아무 잘못을 하지 않았는데도, 따돌림의 대상이 되는 일이 일어날 수도 있어요. 그럴 때는 문제를 해결할 방법을 차분히 생각하고, 때에 따라 도움을 요청하려는 자세가 필요해요. 그것이 자

'나는 은따니까
　친구들에게 우선 맞춰야 해.'

같은 생각으로 친구 관계를 맺어 나가면
　언젠가 그로 인한 스트레스와
　또 다른 문제를 맞닥뜨리게 돼요.

신의 처지나 성격을 비관하는 것보다는 훨씬 나은 결과를 주게 될 거예요.

만일 외향적인 성격은 따돌림을 덜 당할 거라고 생각하나요?

혹은 억지로라도 자신의 성격을 바꾸어야 할 것 같다고 생각하나요?

그렇다면 아름이의 이야기를 들어 보세요.

아름이는 학기 초부터 공부도 잘하고 활달한 성격으로 반에서 눈길을 끌었어요. 목소리도 크고 외모도 세련되고, 친구들도 많아서 반 아이들을 이끄는 리더 무리에 속해 있었지요. 아름이는 인기도 많았어요. 반의 결정 사항이 있을 때는 아름이 무리가 항상 의견을 주도했어요. 그렇게 학년을 마칠 때까지 아름이는 아이들의 중심에 서 있을 거라고 생각했지요.

그런데 어떤 일 때문인지 아름이 무리에 이상한 기류가 흘렀어요. 전과 다른 아주 냉랭한 기류였지요. 알고 보니 아름이와 함께 리더 무리에 있던 친구 우현이가 아름이와 다투게 된 것이었어요. 아름이를 지지하던 친구들, 우현이를 지지하던 친구들 이렇게 무리는 둘로 나뉘었어요. 아름이는 우현이에 대한 뒷담화를 늘어놓으며, 우현이를 지지하던 친구들도 욕했어요. 그런 아름이의 모습은 결코 좋아 보이지 않았어요. 자신의 옆에 있는 친구들에게 신경질을 부리기도 했지요. 아이들은 점차 아름이를 떠나 우현이와 어울렸어요.

그러던 어느 날 점심시간이었어요. 아름이는 혼자 밥을 먹게 되었어요. 아름이와 어울리던 친구들은 보란 듯이 우현이와 함께 밥을 먹었지요. 아름이는 밥을 먹는 둥 마는 둥 하다가 재빨리 교실을 나가 버렸어요. 그리고 점심시간 내내 교실로 돌아오지 않았지요.

인기도 많고 외향적이고 말도 잘하던 아름이는 그렇게 교실의 은 따가 되었어요. 이상하지요? 무엇이 문제였을까요? 왜 아름이는 따돌림을 당했을까요?

너무 지나쳤던 것이지요. 아름이가 우현이의 뒷담화를 했고, 그런 일들이 계속되자 아름이를 지지하던 친구들은 생각했겠지요.

"아름이는, 혹시 내 뒷담화도 까는 거 아니야?"

예민한 십 대들의 관계에는 무수한 신호들이 오갑니다. 이런 신호에서 어떤 마찰이나 제대로 소통하지 못한 지점들이 있을 거예요. 친구의 마음이 내 마음과 똑같을 것이라 기대하고, 친밀감에 대한 욕구도 높아지지요. 하지만 십 대 친구들은 이런 욕구를 표현할 때 서툴고, 미숙한 방식으로 할 수도 있어요. 그러다 보니 서로 간에 오해가 생기기도 합니다. 오해에 담긴 부정적인 정서가 불편하고, 친밀감에 대한 욕구가 큰 만큼 내 마음을 몰라주는 친구에 대한 서운함도 커져 가지요. 그러다 보니 오해와 갈등이 생기면 그것을

137

문제라고 생각해 버리기 쉬워요. 뭐든지 지나치면 오히려 부족한 것만 못할 때도 있답니다.

하지만 그런 갈등들을 모두 문제라고 여기고 '잘못'을 나의 탓으로 여겨서는 안 돼요. 인간관계에서 갈등은 당연한 과정이랍니다. 친구 관계만이 아니라, 사회에 나가서도 맺게 되는 모든 관계에는 갈등이 존재합니다. 갈등이 없는 관계는 그만큼 관심과 애정이 없는 관계라고도 볼 수 있어요. 그리고 갈등을 잘 해결하는 경험을 쌓아야만 앞으로의 인간관계에서도 지혜롭게 풀어 갈 능력을 얻을 수 있어요. 중요한 것은 갈등을 함께 풀어 나가려는 자세를 지니는 것입니다. 그런 자세를 갖는다면 지금 꽉 막혀 버린 것 같은 친구들과의 관계도 풀어 갈 실마리를 잡을 수 있을 거예요. 다혜는, 소극적이고 내성적인 자신의 성격을 억누르려고만 하지 않았어요. 관계에 대한 의지와 의욕을 나름 표현하려고 했어요. 그런 다혜의 모습을 친구들은 이해하고, 마음을 열게 되었지요.

따돌림에 대한 갈등을 해결하는 데 가장 먼저 명심할 것은 무엇일까요?

그 상황에 대해 자신을 탓하지 않는 것입니다. 자신의 성격에 잘못이 있다든가, 자신에게 문제가 있다는 생각부터 버려야 해요. 자신은 자신대로 '괜찮다'는 마음을 가져야만 친구와도 제대로 된 관계를 맺어 나갈 수 있어요. '나는 은따니까 친구들에게 우선 맞춰야

해.'와 같은 생각으로 친구 관계를 맺어 나가는 것은 문제를 해결하는 방법이 아니랍니다. 이것은 오히려 또 다른 스트레스와 또 다른 문제를 낳게 된답니다.

자신에 대한 긍정적인 마음을 가지고, 자신의 성격을 좋게 보려고 노력한다면, 친구에게 한 발자국 더 다가갈 마음도 생겨나게 될 거예요. 자신에 대한 믿음을 회복하는 것이 먼저라는 것을 꼭 기억했으면 해요.

이수석 쌤

어릴 때는 친한 친구였는데,
왜 이렇게까지
사이가 나빠진 건지 모르겠어요.

그 일로 모든 관계가
다 달라졌어요.

우리는 친한 친구였는데

언젠가부터 그 친구와 서서히 멀어지는 경험을 한 번씩 하고는 합니다. 이사를 가서 멀어진 것도 아니고 딱히 다툰 일도 없는데 소원해진 채 멀어져 버렸습니다. 이제 와서 사과하거나 새삼 말을 건네기도 민망해지지요. 그래서 지나가다 그 친구를 보더라도 어느새 쓱 지나치거나 모른 척해 버리고는 합니다. 그래도 별로 불편할 일도 없고 짜인 시간 속에 지내다 보면 굳이 화해를 청할 여유도 이유도 없어진 것 같으니까요.

하지만 아무 일 없이 시간이 지나는 듯해도 조금 틀어진 사이는 아주 사소한 기회로 인해 크게 벌어지기도 합니다. 친한 친구들의 작은 오해로 점점 사이가 나빠지면서 돌이킬 수 없는 관계가 되어버리는 것을 그린 영화 '파수꾼'을 한번 엿볼까요?

가해자가 피해자가 되고,

피해자가 가해자가 되는 친구들의 이야기

이 영화에는 절친한 세 친구가 등장합니다. 고등학생 기태와 동현, 희준이 그 주인공이지요. 영화는 그중 한 명인 기태가 죽은 시점에서 출발합니다. 평소에 아들 기태에게 무심했던 기태의 아버지는 갑작스런 아들의 죽음에 매우 힘들어하며 죄책감을 갖습니다. 그러다가 아들 서랍 속에 있는 친구 동현과 희준의 사진을 보게 됩니다. 아버지는 '그토록 친했던 세 명의 친구가 왜 지금은 등을 돌리게 되었을까?'하는 의문을 갖게 됩니다. 그리고 아들 기태의 죽음에 담긴 진실을 쫓기 시작합니다.

아버지는 자신의 아들을 죽음으로 몰게 한 가해자들이 있을 것이라 생각합니다. 하지만 진실은 오히려 그 반대였습니다. 기태가 절친한 친구들을 괴롭힌 가해자였던 것이지요. 또한 기태의 죽음에 대해 추적하며 진실에 다가갈수록 친구들 또한 기태를 죽음에 이르게 한 가해자였다는 것이 드러납니다. 그리고 친구들 역시 애써 외면하고는 있지만 자신들도 가해자였다는 사실을 인지하게 됩니다. 절친한 사이였다가 서로에게 가해자가 되어 버린 세 친구. 대체 무슨 일이 있었던 것일까요?

영화 초반 기태, 동현, 희준은 매우 친근하게 어울립니다. 하지

사람은 악인이나 선인으로 나눌 수 없듯이
가해자나 피해자로 나눌 수 없을 때가 있습니다.

인간은 한 가지 개념으로만 규정할 수 없는
복합적인 존재이며 무수한 관계로 맺어진 존재입니다.

만 영화가 흘러가면서 세 친구도, 그리고 영화를 바라보는 관객도 알 수 있게 됩니다. 어머니가 없는 트라우마로 치기 어린 허세를 부리고 우정이란 이름의 과장된 감정을 친구들에게 강요하는 기태. 좋아하는 여자애가 기태를 좋아한다는 사실에 상처 입은 희준. 여자 친구의 자살 기도가 기태 때문이라고 믿고 싶은 동현까지. 이 세 친구가 조금씩 상처를 주고받으며 서서히 멀어지고 있다는 것을 말이지요.

어디서부터 벌어진 건지 모를 틈이 친구들에게서 느껴지자 기태는 우정을 지키기 위해 발버둥 칩니다. 주먹으로 모든 것을 해결하는 무모한 성정 때문에 그런 기태의 몸부림이 자꾸만 오해를 만들어냅니다. 그렇게 자신의 마음을 표현하는 데 서툰 기태는 어느새 친구를 괴롭히는 가해자가 되어 갑니다. 미숙한 소통이 빚어낸 엇갈린 시선들이 점점 균열을 일으키고, 피해자가 된 친구들은 기태가 못마땅해 급기야 절교를 선언합니다.

이런 상황을 봉합하는 데 미숙한 기태는 친구를 잃은 상실감에 절망합니다. 의지할 사람 없는 기태에게 친구는 유일한 구원이었던 것입니다. 자신의 삶에서 지지 기반을 송두리째 잃은 것 같은 절망을 느끼지요. 그런 기태에게 동현이와 희준이는 극단적인 말로 기태의 자존심을 깡그리 뭉개고 우정을 부정해 버립니다. 어떻게든 관계를 회복해 보려는 기태에게 친구들은 서늘하게 말합니다.

"난 단 한 번도 너를 친구로 생각한 적 없어."

"잘못된 건 없어. 처음부터 너만 없었으면 돼."

기태는 친구들의 말에 충격을 받고 마침내 자신의 존재를 부인하며 극단적인 선택을 해버립니다. 피해자였던 친구들이 가해자가 되는 순간이지요. 아니, 가해자와 피해자라는 의미 자체가 이미 의미를 잃어버렸습니다. 그저 상처받은 친구들만 남아 있을 뿐입니다.

아주 작고 시시한 말 한마디로 비롯된 일이 눈덩이처럼 커져 걷잡을 수 없는 오해를 낳는 일이 우리 주변에서도 자주 일어납니다. 오해 끝에 극단적인 행동으로 폭력을 휘둘러 철천지원수가 되는 일도 있습니다. 그 대상이 영화 속 세 친구들처럼 아주 친한 사이였을지라도 말입니다. 기태와 동현, 희준이도 우정을 다졌지만 서로의 기대가 다르다 보니 마음에 균열이 일어났습니다. 사실 어떤 관계라도 균열과 갈등은 일어날 수 있는 것입니다. 그렇다고 꼭 그런 아픈 결말을 맺는 것만은 아닙니다.

만약에 영화 속 세 사람이, 뒤늦게라도 서로 이해를 하려고 상대의 말에 귀를 기울였더라면 어땠을까요? 이해는 잘못한 쪽에서만 해야 하는 것이 아닙니다. 세 친구가 무언가 삐거덕거린다는 것을 느낀 순간에, 상대방을 이해하려고 노력했다면, 이러한 극단적인 결말을 가져오지는 않았을 겁니다. 사실이 아닌 추측만 갖고 오해하고 불편해 하는 일도 없었을 것입니다. 만약 내게 아픔을 주는 친구가 있다면, 과거와 달라져 가는 관계가 있다면 그것에 대해 그저 방관하지만은 않았으면 합니다. 나는 피해자이고 상대방이 잘못한 거라는 생각에서 그저 그 상황을 방기해 버린다면 관계는 무너지고, 피해자였던 내가 나도 모르게 가해자로 돌변해 버리는 일이 일어날 수도 있습니다.

사람은 악인이나 선인으로 나눌 수 없듯이 가해자나 피해자로 나눌 수 없을 때가 있습니다. 인간은 한 가지 개념으로만 규정할 수 없는 복합적인 존재이며 무수한 관계로 맺어진 존재입니다. 그래서 상대방이 나에게 잘못을 저지르고 있다고 생각하기에 앞서, 상대방의 마음 상태에 대해 한 번쯤 생각해 보는 기회가 필요합니다. 어쩌면 그 친구는 내가 마음을 열고 다가와 주기를 무척이나 바랐던 것인지도 모릅니다. 자신의 마음을 제대로 표현할 줄 몰랐던 기태처럼, 그 친구는 어쩌면 나와 가까워지고 싶었던 것인지도 모릅니다. 내가 먼저 손을 내밀면 상대방도 스르르 열게 됩니다.

어쩌면 나에게 들을 마음이 없어서 아무것도 들리지 않는 것인지도 모릅니다. 나에게서 멀어져 간 친구도 나의 어떤 말에서 섭섭함을 가졌을지 모르고, 내 행동 어딘가가 고까워 담을 쌓았을지 모릅니다. 그 고리를 푸는 것은 결국 나의 몫입니다. 찬찬히 생각해 보면 그 열쇠를 내가 가지고 있는 경우가 더 많기 때문입니다.

폭력의 희생자들이 극단적으로 자신의 목숨을 던져서 고통을 폭로하는 이유는 아무도 자신의 이야기를 제대로 듣지 않았기 때문이라고 합니다. 조금씩 균열이 가는 친구와의 관계에서 내가 먼저 친구의 이야기를 들어 주는 제스처를 보낸다면 친구는 정말 아무 일도 아닌 채 스륵 다가올지도 모릅니다. 우리는 어쩌면 모두 피해자이고 가해자이기 때문입니다.

이정숙 쌤

아무도 안 도와주는
친구들 모두에게 화가 나요.

다 복수하고 싶어요.

🧑 **학생(여름, 가명)** 제일 친하게 지내던 '봄'이가 있는데요. 며칠 전에 저한테 와서 귓속말로 그러는 거예요. '애들(평소 안 친했던 겨울이와 그 친구들 3명)이 너랑 놀지 말라고 해서 반 애들 아무도 너랑 안 논대. 그래서 나도 학교에서는 너한테 말 못해. 미안해.'

그 말을 듣고 화장실에 가서 펑펑 울었어요. 처음에는 봄이한테 제일 화가 났어요. 어떻게 봄이가 내 편을 안 들어 주고, 다른 애들이 놀지 말랬다고 저한테 말도 안 시키는 건지 이해가 안 돼서요. 근데 지금은 안 그래요. 우리 반 여자 애들이 다 미워요. 그나마 봄이는 저한테 말이라도 해줬잖아요. 다른 애들은 아무도 안 도와주고, 절 피하기만 했어요. 왕따 시킨 걔들은 원래 안 친했으니까 그냥 기분 나쁜 것만 무시해 버리면 되는데, 다른 애들은 제가 피해를 준 것도 없는데 도와주지도 않고 저를 왕따 시킨 게 제일 밉고 화가 나서 미칠 것 같아요.

여러분은 '여름'이의 기분이 이해가 되나요?

쌤은 처음에 '여름'이의 이야기를 들었을 때 잘 이해가 안 됐어요. 처음부터 안 친했고, 왕따 시키자고 주동했던 애들이 제일 잘못된 것 같고, 그래서 '겨울'이와 그 친구들이 제일 미울 줄 알았어요. 아니면 평소에 정말 친했던 '봄'이가 자기를 배신한 것이 가장 슬퍼서 '봄'이가 제일 밉거나요. 그런데, 왕따 시킨 '겨울'이 일행도 아니고, '봄'이도 아닌 그것에 말없이 따라간 반 친구들이 가장 밉다니요?

물론, 아무런 잘못도 없고, 조용한 친구인 '여름'이를 왕따 시키자는 '겨울'이 일행의 말에 그대로 따라서 왕따를 시킨 반 친구들도 분명히 잘못하긴 했어요. 그래도, 군이 잘못한 순서를 매기자면 가장 꼴찌인 것 같은 반 친구들이 제일 밉고 화가 나다니요.

'여름'이의 이야기를 더 들어 볼게요. '여름'이는 반 친구들이 자기편을 들어 주지는 못하더라도, '왕따' 시키는 것은 나쁜 짓이니까 그런 일을 하지는 않을 거라고 믿었대요. 그런 믿음이 있었기 때문에 반 애들의 분위기가 언젠가부터 이상하다고 느꼈지만 그냥 기분 탓이겠거니 했다고 하더라고요. 그걸 '봄'이가 이야기해 줘서 그제야 안 것이지요.

처음에는 제일 친한 친구고 늘 붙어 다니던 '봄'이의 배신에 대한 상처가 너무 커서 '봄'이가 엄청나게 미웠대요. 그래서 '봄'이는 쳐다보기도 싫고 교실에서 진짜 혼자가 되었다는 생각에 울기도 많이 울었다고 해요. 그런데 생각해 보니 '봄'이도 왕따가 되는 게 얼마나 무서웠으면 그렇게 했을까 이해가 되더래요. '봄'이가 자기랑 친한 건 '겨울'이네 일행도 다 알고 있으니까요. 그래도 '봄'이는 그런 상황에서 자기가 걱정돼서 그나마 그런 사실을 알려 주려고 노력한 게 고맙기까지 하더라는 거예요.

그렇게 '봄'이가 이해되고 나니 교실의 다른 여자애들이 모두 싫어졌대요. 지금껏 단 한 명도 자기에게 그런 사실을 알려 주지도, 도움을 주지도 않았거든요. 교실의 모든 여자애들을 볼 때마다 그 큰 전체가 자기 한 사람을 배신했다는 생각이 들었대요. 그것이 너무나 큰 상처가 됐다고 해요. 자기는 혼자니까 '겨울'이와 그 친구들에게 뭐라고 말을 못하고 그냥 무시하면서 지내자는 생각으로 버텼지만, 반 애들은 결코 혼자가 아니니까요. 반 애들은 '겨울'이 일행들보다 인원도 많고 '겨울'이 일행들이 하는 짓이 잘못됐다는 것도 알 텐데도 그 잘못된 일을 따라 한다는 게 도저히 용서되지 않았다고 하네요. 그래서 제일 화가 나는 사람 1순위가 '반 여자애들', 2순위가 '겨울'이와 친구들, 3순위가 '봄'이라고 하더라고요.

쌤은 그제야 '여름'이의 마음이 이해되었어요. '여름'이의 입장에서는 정말로 다른 모든 여자애들이 더 밉고 복수하고 싶을 수 있겠다는 생각이 들더라고요.

교실의 다른 여자애들이 모두 싫어졌대요.

지금껏 단 한 명도 자기에게 그런 사실을 알려 주지도,
도움을 주지도 않았거든요.
교실의 모든 여자애들을 볼 때마다
그 큰 전체가 자기 한 사람을 배신했다는 생각이 들었대요.

그런데 '여름'이가 놓치고 있는 점이 있었어요

바로 다른 여자애들도 모두 '겨울'이와 그 친구들을 무서워하고 있다는 거예요. '봄'이가 자신도 왕따 당할까 봐 두려워서 '여름'이를 배신한 것처럼, 다른 여자애들도 마찬가지예요. 여름이가 보기에는 그 친구들이 전체로 보이지만, 그 친구들은 자신을 '봄'이와 같은 혼자로 느끼고 있을 거랍니다. 그래서 혹시라도 자기가 왕따를 당하거나 피해를 받을까 봐 무서워서 '여름'이에게 도움을 주지 못한 거지요.

'여름'이 말처럼 반 애들이 하나가 되어 똘똘 뭉친다면, 겨울이네 일행보다 인원도 더 많으니 잘못된 일에 저항하는 게 혼자보다는 더 수월할 거예요. 하지만 안타깝게도 현실적으로 반 아이들이 똘똘 뭉치게 되는 것은 쉽지 않아요. 게다가 두려움이라는 것은 한 번 퍼지면 빠르게 스며들게 돼요. 그 두려움을 이겨 내는 것은 한 사람, 한 사람의 용기와 의지가 필요한 것이기에 아무리 사람 수가 많다 해도 쉬운 일이 아니거든요. 물론, 그렇다고 반 여자애들에게 잘못이 없는 건 아니에요. 반 친구들의 행동은 분명 잘못된 일이죠. 더 중요한 것은 '여름'이가 더 분노하고 잘못을 따져야 할 대상은 '겨울'이와 그 친구들이라는 것이에요.

'왕따' 시킨 것만으로도 충분히 나쁜 행동인데, 그걸 더 확대시키려고 다른 친구들을 꼬드기고, 강요하는 건 얼마나 나쁜 일인가요.

그리고 '여름'이에게 일어난 그 모든 일들은 전부 '겨울'이와 그 친구들에게서 시작된 일이잖아요. 그러니, 이 일을 해결하기 위해서는 잘못된 일의 시작인 '겨울'이와 그 친구들에게 분노하고, 그 친구들의 잘못된 행동을 벌할 수 있는 방법을 찾아야 해요.

사실 '여름'이도 그 모든 걸 잘 알고 있었어요. 하지만, '여름'이는 겨울이와 그 친구들에게 더 분노하지 않았지요. 왜냐하면, 그 친구들이 무서웠거든요. 다른 애들이 가진 두려움보다도 더 큰 두려움이 있었어요. 그래서 그저 묵묵히 참으면서 그냥 무시한다고 생각했던 거예요. 그렇게 두려움과 왕따 당하는 화를 참고 있었는데, 다른 친구들마저 자신을 왕따 시키니 그 모든 분노가 반 여자애들에게로 돌아간 거예요. 참, 안타까운 상황이지요.

분노의 대상을 정확히 해야만 해결도 제대로 보여요

그런 일이 없으면 좋겠지만, 안타깝게도 우리 주변에는 '여름'이처럼 다른 친구들의 물리적, 정신적 폭력 때문에 힘들어하는 친구들이 종종 있습니다. 또한, 그런 일이 있었을 때 주변에서 도움을 주는 친구가 단 한 명이라도 있다면 좋겠지만 그렇지 못한 경우도 꽤 있고요. 그렇게 도움을 받지 못한 경우에는 '여름'이처럼 다른 친구들에게 그 분노가 돌아가는 경우 또한 심심찮게 볼 수가 있습니다.

이런 경우, '여름'이에게 혼자서 두려움을 극복하고 그 일을 헤쳐 나가라고 하는 것은 불가능한 일입니다. 당연히 주변의 도움이 필요합니다. 선생님, 부모님과 같은 어른의 도움이라거나, 친한 친구, 반 친구 등 주변 친구들의 도움이 절실하지요. 하지만, 그런 도움을 전혀 못 받고 힘들어하고 있다면, 그 힘든 마음으로 인해 '여름'이처럼 주변 친구들에게 분노를 내뿜고 있다면 두 가지를 이야기해 주고 싶습니다.

첫째는, 그 친구들도 두려워하고 있다는 것이에요. 그렇다고 해서 그 친구들이 잘했다는 것은 절대 아닙니다. 도움이 필요한 친구를 도와주지 못하고 외면하는 것은 결코 올바른 행동은 아니지요. 하지만, 그 친구들도 직접 폭력을 당하는 피해자 '여름'이처럼 폭력을 행사하는 가해 친구에 대해 두려움을 크게 가지고 있다는 점을 알아주세요.

두려워하다 보니 소극적이 되고, 어떤 도움을 줘야 할지 깊게 생각해 보지 않아서 도와줄 방법을 모를 수도 있습니다. 그러다 보니 애써 무시하며 지나쳐 버릴 수도 있고요. 그렇게 두려움에 쌓인 친구들을 움직이게 하려면 먼저 적극적으로 도움을 달라고 해야 합니다. 내 이야기를 들어 달라고 할 수도 있고요. 어떤 일을 해달라고 요청할 수도 있겠지요. 구체적인 행동으로 도움을 줄 수 있는 일을 해달라고 이야기해야 돼요. 그래야 그 친구들이 자신이 어떻게 해야 할지 알 수가 있거든요. 그럼으로써 자기보다 더 두려움에 쌓여 있을 친구를 조금이라도 도와줄 마음이 생기고 행동으로 옮길 수 있어요.

여러분의 친구들은 여러분보다 더 용기 있고 더 뛰어난 사람들이 아닙니다. 그저, 여러분과 똑같은 평범한 친구들일 뿐이에요. 그러니, 그 친구들에게 올바른 행동을 할 수 있는 방법을, 도와줄 방법을 알려 주세요.

두 번째는, 분노의 대상을 정확히 보는 것이에요. '여름'이처럼 힘든 일을 당하고 있다면, 그 일을 일으킨 대상이 분명히 있을 것입니다. 바로 '겨울'이와 그 친구들입니다. 그 친구들에게 어떻게 대응하고 행동할 것인지 생각해야 돼요. 그래야 해결 방법을 찾을 수 있습니다. 어려움에 처한 자신을 도와주지 않는 친구들을 향해 분노하는 것은 나를 힘들게 한 이들에게 돌아갈 분노가 다른 사람에게로 옮겨지는 것밖에 되지 않아요. 그렇게 잘못 옮겨진 분노는 자칫하면 또 다른 폭력의 시작이 될 수도 있습니다. 그러니, 현재의 상황을 만들어 낸 대상을 정확히 보아야 해요. 그리고 그 화를 다른 곳으로 돌리지 않길 바랍니다. 물론, 분노의 대상에게 분노를 표현하기 위해 똑같이 폭력을 써서는 안 된다는 것을 잘 알고 있으리라 믿어요. 그 분노를 올바르게 해결하기 위한 방법을 찾자는 이야기입니다.

이 글을 읽고 있는 친구들은 주변에 혹시 힘든 일을 겪고 있는 친구가 있는지 한 번 더 세심히 돌아보았으면 해요. 잘 보이지 않아도 괴롭힘에 시달리고 있거나 은밀한 왕따를 당하고 있다면 그 친구는 아마 도와 달라는 이야기도 쉽게 못 꺼내고 있을 겁니다. 여러분이 먼저 힘을 내서 도움의 손길을 내밀어 보세요.

언젠가 여러분이 힘든 경우가 되었을 때 여러분에게 친구가 소중한 도움의 손길을 내밀게 될 수도 있으니까요. 그래서 '여름'이와 같이, 힘든 시간을 보내는 친구들이 다시는 생기지 않는 학교가 되기를 간절히 바랍니다.

서영원 쌤

선생님께 말해도
별 소용없대요.

3년만 참으면 졸업이니
그냥 참을래요.

2011년 12월,

대구의 어느 한 중학생이 학교 폭력에 시달리다 자살하는 사건이 발생했어요. 이 사건을 계기로 우리나라에서도 학교 폭력 문제가 전 사회적으로 주목받기 시작했지요. 2012년 2월에는 정부 차원에서 학교 폭력 근절 종합대책이 발표되었고, 이와 함께 학교 폭력 예방 및 대책에 관한 법률이 지속적으로 개정을 거듭했습니다. 2012년부터 2015년까지 발표된 학교 폭력과 관련된 논문의 수도 무려 500여 편에 달한다고 해요. 그것은 2002년부터 2011년까지 발표된 논문 수의 2배 이상이라고 합니다.

이런 사회 분위기에 힘입어 학교 폭력은 꾸준히 줄어들고 있어요. 2016년 12월에 발표된 교육부의 '학교 폭력 실태 조사'의 결과에 따르면 2012년 이후 학교 폭력 피해 응답이 5년째 감소하고 있으며, 학교 현장의 학교 폭력도 감소 추세에 있는 것으로 나타났대요.

그러나 실태 조사의 피해 응답률이 지속적으로 줄어드는 것과 달리, 학교폭력대책자치위원회 심의 건수는 늘어났지요. 이러한 조사 결과를 보면, 여전히 우리 학교에는 학교 폭력에 시달리는 학생들이 적지 않다고 볼 수 있어요. 게다가, 우리 주변에는 학교 폭력이 일어나더라도, 원래 애들은 싸우면서 크는 거라며 대수롭지 않게 여기는 시선이 남아 있어요. 또한 주변의 시선에 대한 부담, 보복에 대한 두려움, 상급 학교 진학에서 받게 될 불이익, 행정 절차상의 번거로움과 같은 이유로 공식적인 신고를 하지 않는 경우가 많다고 합니다.

지금을 유예하지 않고 솔직하게 맞설 용기

혹시 여러분 중에도 앞서 이야기한 이유로 학교나 부모님께 학교 폭력을 당한 사실을 숨기고 있는 친구는 없나요? 아니면, 선생님께 말해도 별 소용없을 거라는 생각을 하거나 3년만 참으면 졸업이니 그냥 참고 버틸 요량으로 무기력하게 자신을 방치하고 있는 친구는 없는지요?

공식적인 통계 수치에 나오진 않았지만, 폭력에 시달리면서도 혼자서 끙끙 앓고 있는 친구들이 실제로 무척 많을 거라고 봐요. 이런 친구들을 위해 쌤이 2016년에 학교 폭력 업무를 담당하며 겪은 일화 하나를 소개해 볼게요.

2016년 8월의 어느 날이었답니다. 점심을 먹고 교무실로 왔더니, 약간 덩치가 있는 두상이가 학생부장 선생님 앞에서 울면서 하소연을 하고 있었어요.

"선생님. 저 정말 힘든데, 윤찬이랑 윤찬이 친구들 좀 혼내 주세요. 저 정말⋯⋯."

두상이는 흥분과 서러움이 겹쳐서인지, 하고 싶은 말도 제대로 잇지 못했어요. 두상이가 진정이 되고 난 후, 쌤과 학생부장 선생님은 두상이가 겪은 일을 소상히 들어 줬어요.

두상은 1학년 때도 윤찬이와 같은 반이었대요. 그때는 윤찬이가 패드립(상대방의 가족을 욕하는 것)을 하거나 장난을 치면 두상이도 지지 않고 맞대응을 했대요. 1학년 때는 윤찬이와 단둘의 문제여서 좀 귀찮고 힘들어도 참을 수 있었다고 해요. 하지만 2학년 때는 윤찬이의 폭력 행위를 재밌어 하는 친구들이 생겨 더 이상 참기가 힘들었나 봐요.

그런데 오늘은 복도를 지나가는데 윤찬이가 한 대 툭 쳐서, 자신도 윤찬이를 한 대 때렸대요. 그랬더니, 윤찬이가 흥분해서 일방적으로 자신을 폭행해 서러운 마음에 학생부로 달려왔다는 겁니다. 윤찬이를 따끔하게 혼내 주고, 앞으로 더 이상 괴롭히지 않게 해달라면서요.

두상의 얘기를 듣고 선생님은 곧바로 윤찬이와 친구들을 불러 사태 파악에 나섰어요. 사정을 알아보았더니, 윤찬이의 괴롭힘은 상상을 초월했어요. 쉬는 시간이나 청소 시간에 두상이를 습관적으로 때리는 것은 기본이었어요. 학교 폭력 예방 교육 영상에서 피해 학생을 두상이라고 말하며 큰소리로 놀리기, 교과서에 장애인 사진이 나오면 두상이 엄마라고 놀리기, 휴대폰을 몰래 가져가 초기화하기, 수행 평가 용지를 빼앗아 수행 평가 방해하기 등등. 이 밖에도 윤찬이는 차마 입에 담지 못할 언어폭력과 신체 폭력을 두상이에게 서슴없이 해오고 있었습니다.

쌤은 윤찬이의 얘기를 듣고 너무 화가 났어요. 그래서 곧 바로 학교 폭력 전담기구를 열어 윤찬이와 그 친구들을 전부 처벌하려고 했지요. 그런데 두상이는 쌤과 생각이 달랐어요. 자신이 학교에서 친구들에게 이런 일을 당했다는 걸 부모님이 알게 되면 무척 속상해 할 거라고 했지요. 그러면서 학교 폭력 신고까지는 하고 싶지 않다고 했어요.

쌤은 계속 부모님께도 이 사실을 알려야 한다고 설득했지만, 두상의 마음을 바꿀 수는 없었어요.

결국 쌤은 두상의 바람대로 두상이의 부모님께는 이 일에 대해 연락하지 않았어요. 두상이가 원하는 것은 소박했어요. 윤찬이와 윤찬이의 부모님이 자기 앞에서 진심으로 사과를 하는 것, 그리고 앞으로 더 이상 자신을 괴롭히지만 않으면 된다는 거였어요. 다음 날, 윤찬이와 윤찬이의 어머니가 두상이 앞에서 사과를 하고 다시는 그런 괴롭힘을 벌이지 않겠다는 서약서를 써놓았어요. 그것으로 이 일은 일단락되었답니다.

이 일이 있은 후 윤찬이와 그 친구들은 더 이상 두상이를 괴롭히지 않았대요. 두상이도 학교생활이 이전보다 더 즐거워졌다고 했고요.

그럼에도 쌤이 두상이의 일을 겪으며 아쉬웠던 점이 있었어요. 바로 두상이와 윤찬이가 서로 말도 하지 않고 모른 척하며 지내는 소원한 사이가 되었다는 거예요. 서로 화해를 하고, 가까운 사이로 발전하면 좋았을 텐데 말이죠.

왜 이런 바람을 가졌냐면, 쌤이 실제로 그런 친구 관계를 경험했기 때문이에요. 쌤은 고등학교 시절에 친구에게 괴롭힘을 당한 적이 있었어요. 두상이가 겪은 것만큼 심한 괴롭힘은 아니었지만, 쌤에게도 장난처럼 괴롭히는 친구가 있었지요. 그 친구와 갈등을 겪고 난 후 쌤은 그것을 해결하고 나서 그 친구와 더욱 절친한 사이가 되었거든요. 25년이 지난 지금까지도 그 친구와는 돈독한 우정을 나누고 있고요. 때문에 두상이와 윤찬이를 보면 안타까운 마음이 들어요.

자신을 괴롭힌 친구와 다시 친하게 지내는 것은 사실 쉬운 일은 아니에요. 그럼에도 쌤은 어떻게 쌤을 괴롭혔던 친구와 더욱 가까워졌을까요? 이야기의 시작을 위해 일단, 쌤을 괴롭혔던 친구 '평구'를 소개할게요.

쌤이 고등학교 2학년 때였어요. 그때 우리 반은 자리를 지정해 주지 않고 일찍 오는 사람이 아무 자리에나 앉을 수 있는 규칙이 있었어요. 대개의 경우, 이럴 때 학년 초에는 자리가 약간씩 바뀌지만, 몇 개월이 지나면 거의 자리가 고정되지요. 그렇게 해서 쌤의 짝은 당시에 친하게 지내던 평구가 되었어요.

평구는 그때 키가 180이 넘고, 운동을 해서 몸에 근육도 엄청났어요. 반대로 쌤은 키가 작고 왜소했답니다. 그래서 다른 친구들이 보기에는 영락없이 쌤이 평구의 '부하'같이 느껴졌나 봐요. 그런데 그때 쌤은 평구보다 공부를 잘했어요. 그래서인지 몰라도 평구는 쌤의 실력을 조금 부러워한 것 같아요. 모르는 게 있으면 쌤한테 자주 물어보면서 열심히 공부하려 했던 평구였으니까요.

그런데 평구의 단점은 장난이 좀 심하다는 거예요. 쌤의 생김새와 넓은 이마를 보고 '프랑켄슈타인'이라는 별명을 지어서, 짧게 '프랑켄'이라고 부르며 놀리기 일쑤였거든요. 그때만 해도 쌤도 평구가 그럴 때마다 불편한 내색 없이 너스레를 떨며 같이 장난치곤 했어요.

그렇게 단짝처럼 지내던 어느 날이었어요. 야간 자율 학습 도중 쉬는 시간에 평구가 화장실을 갔다가 교실에 들어왔어요. 그러더니, 갑자기 쌤의 뒤통수를 손바닥으로 치면서 큰소리로 말하는 거예요.

폭력에 자신을 방치하기엔
'나 자신'은 무척 소중한 존재입니다.

여러분이 사랑하는 부모님의 소중한 자녀이며,
어마어마한 이 우주에 '나'라는 생명체는 유일합니다.

"야! 프랑켄! 쉬는 시간엔 쉬어야지 왠 공부야!"

장난으로 쳤다고는 하지만, 그 순간 쌤은 눈앞이 번쩍였어요. 같은 반 친구들이 다 있는 곳에서 이런 일을 당한다는 게 갑자기 자존심이 상했고요. 그래서 생각했어요.

'내가 왜 저놈한테 맞으면서 공부를 해야 하지? 이건 아닌데. 아, 열 받네. 한 번 붙을까? 그런데 싸워서 쟤한테 이길 수 있을까? 그렇다고 맨날 이렇게 당하고 살 수는 없잖아?'

마음속에 치솟은 불길은 가라앉을 길이 없었어요. 이런 생각을 하다 보니 도저히 공부에 집중을 할 수가 없었어요. 자율 학습 1시간 동안 분한 마음을 간신히 참아 냈어요. 그리고 오늘만큼은 그냥 넘어가면 안 되겠다고 결심했어요.

그때 쌤으로서는 매우 큰 용기와 결단이 필요한 상황이었죠. 그래서 쉬는 시간에 평구를 복도로 불러냈어요. 우리는 다른 친구들이 보지 않는 복도 끝 구석으로 갔어요. 그리고 평구에게 진지하게 말했어요. 제 감정에 충실하면서요.

"야! 네가 키도 크고 힘도 세니까 내가 너랑 싸우면 질 건 뻔해. 그래도 네가 아까 쉬는 시간에 '프랑켄'이라고 부르면서 갑자기 뒤통수를 때릴 때 정말 기분이 나빴거든. 정말로. 자존심도 상하고. 그래서 너랑 제대로 싸우고 싶어. 한 번 붙자!"

겉으로는 이런 말을 하면서 속으로는 겁이 많이 났어요. 그런데 그날은 쌤이 쌍코피가 나더라도 싸우고 싶었어요. 매번 당하면서 학교생활을 하는 게 너무 억울했거든요.

그런데 주먹을 먼저 날릴 줄 알았던 평구가 의외의 반응을 보였어요. 매번 장난치면서 애들 앞에서 별명을 부르면서 쌤을 놀리던 평구가 멋쩍은 표정을 지으며 말했어요.

"장난이잖아. 그동안 안 그러다가 오늘은 왜 그래?"

평구의 평소답지 않은 반응 때문에 쌤은 더 의기양양하게 말할 수 있었어요.

"장난으로 생각할 때도 있었지만, 실은 네가 프랑켄이라고 부를 때 기분이 나빴던 적이 더 많았어. 그건 내 외모를 보고 만든 별명이니깐. 앞으로 그 별명도 부르지 않았으면 좋겠어."

"알았어. 네가 그렇게 싫었던 거면 이제 그 별명 안 부를게."

다행히 쌤은 평구와 싸우지도 않고 두들겨 맞지도 않았어요. 오히려 평구가 쌤에게 사과하고, 앞으로는 별명도 부르지 않고 심한 장난도 치지 않겠다고 했지요. 그날 이후로 평구와 쌤은 더욱 절친한 친구가 되었어요. 지금까지도 우정을 나누는 사이랍니다.

어떤가요? 두상이와 쌤의 사례를 보면서, 주변 친구들이 장난이라고 괴롭히며 놀릴 때 어떻게 대처해야 하는지 조금은 감이 잡혔나요? 확실한 정답은 없지만 말이죠. 폭력에 대해 솔직하게 말하고 당당히 맞설 용기를 내는 것은 결코 쉽지 않은 일이에요. 폭력의 시간이 길었다면, 학습된 무기력도 있어서 더욱 힘들게 느껴지겠지요.

하지만, 그런 폭력에 자신을 방치하기엔 '나 자신'은 무척 소중한 존재입니다. 여러분이 사랑하는 부모님의 소중한 자녀이며, 어마어마한 이 우주에 '나'라는 생명체는 유일합니다. 이것만으로도 다른 사람에게 놀림 받아도 될 만큼 가치 없는 사람은 아무도 없어요. 이런 사실을 나 스스로가 먼저 깨우쳐야 합니다. 그 점을 기억한다면 3년은커녕 3일도 폭력 앞에 유예해서는 안 된다는 것을 알게 될 거랍니다.

학교 폭력에 관한 수많은 도서나 연구물은 이구동성으로 다음과 같이 조언해 줍니다. 폭력 상황이 발생하면, 가해자나 그것을 지켜보는 동조자들에게 당당히 외치라고 말이에요. "이제 그만, 멈춰!"라고.

행여 혼자 이겨 낼 수 없는 상황이라면, 가까운 친구나 선생님들에게 도움을 구하라고 조언합니다. 그리고 부모님께도 솔직하게 고백해 보라고 합니다. 이것 또한 혼자 맞서 싸우는 것 못지않은 용기가 필요한 행동이라면서요.

전문가들의 조언대로 '당당하고 솔직하게' 학교 폭력에 맞선다면, 폭력의 그늘에서 혼자 끙끙 앓을 때보다 더 지혜로운 해결책이 나올 것이에요. 때로는 선생님처럼 폭력을 가한 친구와 더 좋은 관계가 형성되어 평생 우정을 나누는 벗이 될지도 모르고요.

선택은 여러분들의 몫이랍니다.

한상원 쌤

신고하면
끝이 아니에요.

그 친구랑 계속
한 교실에서 지내야 하는데
어떻게 신고해요.

겉으로 드러나는

학교 폭력은 점차 줄어드는 것처럼 보여도, 보이지 않는 괴롭힘은 줄어들지 않고 있는 듯해요. 특히 교사나 어른들이 접근하기 힘든 폐쇄된 사이버 공간에서 일어나는 폭력은 더욱 심각합니다. 피해자를 직접 지칭하지 않고 또래만 알 수 있는 방식으로 은밀히 따돌리거나 괴롭힐 수 있기 때문이에요. 최근 '왕따'보다 은근히 따돌린다는 의미의 '은따'가 학교 폭력의 전면에 등장한 이유는 바로 이러한 배경에서입니다.

은밀한 괴롭힘이 얼마나 심각한지는 실제 조사의 결과를 보아도 짐작할 수 있어요. 2014년 전국 학교 폭력 실태 조사(초등학교 4학년부터 고등학교 2학년까지 5,958명을 대상으로 시행한 조사)의 결과를 보면, 학교 폭력 피해를 입은 학생의 비율은 작년의 6.1%에서 3.8%로 줄어들었어요. 하지만 이것은 은밀하게 이뤄지는 따돌림이나 언어폭력을 학교 폭력의 수치로 취급하지 않았기 때문입니다.

그 결과, 학교 폭력의 피해율이 떨어지고 있음에도 피해 학생이 겪는 심리적 고통은 큰 것으로 나타났습니다. 학교 폭력으로 인해

'고통스러웠다'거나 '매우 고통스러웠다'는 학생의 비율은 50%로 꾸준히 높은 수준입니다. 또한 학교 폭력을 당한 후에 자살을 생각한 학생 역시 42.9%, 학교 폭력을 당한 경험으로 '복수하고 싶다'는 충동을 느꼈다는 학생은 77.0%로 늘어났어요.

결국, 학교 폭력의 보이는 양은 줄어들고 있지만 형태는 다양해지고 있는 셈이지요. 우리는 이 다양해지는 형태에 주목해야 한답니다. 때리거나 욕하지 않는 대신에 관계를 끊어 버리는 등 교묘한 방식으로 괴롭히는 일들 말이지요. 그럴 경우 피해자는 어디다 대고 호소하기에도 어려운 처지가 되어 심리적 고통이 줄어들지 않고 있는 겁니다.

사과하면 끝? 풀리지 않는 관계 문제에 대해

우리는 흔히 그렇게 고통스러운데 왜 신고하지 않았냐고 물어봅니다. 왜 어른들에게 말하지 않았냐고 묻습니다. 아무래도 이상해 보여 피해자에게 무슨 일이 있냐고 물어봐도 '아무 일 없다'고 말하기만 한다고 답답해합니다. 피해자들은 사실 신고하거나 다른 사람에게 피해를 이야기하는 것을 무척이나 꺼립니다. 그리고 학생들만 자신이 당한 폭력에 대해 말하지 않는 것은 아닙니다. 남편에게 폭행당하는 여성도, 직장 상사에게 무능하다고 욕을 듣는 회사원도, 성폭력 피해자들도 자신의 피해 사실을 최대한 숨깁니다.

이들의 행동에는 나름 이유가 있습니다. 먼저, 피해로 인해 손상된 자존감을 그나마 지키기 위해서입니다. 폭력의 피해자들이 자신의 피해 사실을 털어놓는 것은 엄청난 용기가 필요한 일입니다. 굴욕적인 경험, 폭력 앞에 나약해졌던 순간들을 다른 사람에게 이야기하는 것은 정말 어려운 일입니다.

또한 신고하고 나서 달라진 상황을 받아들일 힘이 남아 있지 않아서입니다. 가해자와 피해자는 생판 모르는 관계가 아니라 대부분 학교생활에서 친구, 선후배 같이 사회적 관계를 맺은 사람들입니다. 때로는 나에게 폭력을 가하는 친구가 학교에서 유일하게 관계를 맺는 친구인 경우도 있습니다. 신고를 하고 나면 그 관계들은 어떻게든 변화를 맞게 될 텐데, 그 여파를 감당할 자신이 없기 때문입니다. 학교 폭력을 당하면 분노와 우울의 감정에서 관계에 대한 자신감도 급격히 떨어집니다. 그런 상태에서 신고 후 겪게 될 관계 변화는 두려움으로 다가올 가능성이 큽니다. 신고한 후에 그 관계에서 자신이 어떻게 평가받을지, 앞으로 새로운 관계를 맺을 수 있을지에 대해 구체적인 확신이 생겨야만 신고가 가능합니다.

하지만, 현실적으로 이러한 확신을 갖게 되기는 쉽지 않아 보입니다. 힘들게 담임 선생님을 찾아가 말했다고 해도, 모든 문제가 말끔히 해결되는 것이 아니기 때문입니다. 특히 가해자와 피해자의 분리는 학교에서 거의 이루어지지 않고 있어요. 끔찍한 경험을 당한 피해자는 매일 매 시간마다 자신에게 폭력을 행사한 가해 학생의 얼굴을 바라보며 지내야 합니다. 신고하고 나서도 가해 학생과 그렇게 지내기란 쉽지 않은 일입니다. 학교와 교사 차원에서 이런 부분을 신경 써주는 조치가 거의 없고요. 학교에서 제시하는 문제 해결 방안으로는, 가해 학생 부모님에게 연락을 하거나 가해 학생을 벌주는 것이 대부분입니다. 그러나 대부분의 경우, 이런 조치를 했다고 해서 피해 학생과 가해 학생 간의 문제가 해결되는 일은 거의 없습니다. 관계의 문제가 여전히 뒤엉켜 있기 때문입니다. 오히려 신고를 하고 나서 은근한 따돌림이 시작되기도 합니다. 앞서 살펴본 다양한 형태의 드러나지 않은 따돌림들 말이지요. 이런 위험 부담이 있기에 '폭력'에 대해 이야기를 하거나 신고를 하는 일이 줄어들고 있는 형국입니다.

그럼에도 신고해야 하는 이유

앞서 살펴본 '신고하지 않는 이유'가 역으로 '신고할 수 있는 이유'가 될 수도 있습니다. 그 점을 중심적으로 보완해 나간다면 말이지요. 학교 폭력을 당한 학생에게 쉽지 않은 일이겠지만, 그럼에도 '자존감'에 대한 인식을 다시 하는 것이 중요합니다. 폭행의 경험은

지금 힘겨운 골짜기에 빠져 있지만,
이 골짜기를 지나면 수많은 봉우리가 펼쳐집니다.

그러니 굴욕적이고,
비참하다는 기분이 들더라도

'나는 괜찮고, 존중 받아 마땅하다'는
자신에 대한 믿음을 지켜 나갔으면 합니다.

절대 자신의 탓이 아닙니다. 그리고 폭행을 당한다면 누구나 자존감이 떨어지는 것을 피할 수 없습니다. 그러니 현재 자신감이 없고 겁이 나는 상태가 당연하다는 것을 인식하고, 하지만 '나는 괜찮은 사람'이라는 생각을 해보았으면 합니다.

지금 힘겨운 골짜기에 빠져 있지만, 이 골짜기를 지나면 수많은 봉우리가 펼쳐집니다. 그러니 굴욕적이고, 비참하다는 기분이 들더라도 '나는 괜찮고, 존중 받아 마땅하다'는 자신에 대한 믿음을 지켜 나갔으면 합니다. 십 대 시기에 힘든 경험을 겪었지만, 그만큼 좋은 경험도 나를 기다리고 있습니다. 지금은 전혀 그런 날이 올 것 같지 않아 보여도, 조금만 시간이 지나면, 여러분이 십 대를 지나 이십 대만 되어도 삶은 다양한 곡선의 연속임을 알 수 있을 것입니다. 그러니 아무 말도 하지 않고 자신의 경험에만 함몰되어 있지 않았으면 해요. 자신의 경험 밖으로 나와 보았으면 합니다. 그것만으로도 한결 나은 상황이 될 수 있습니다.

또한 '관계 문제' 역시 아무 말도 하지 않은 채 있으면 더욱 엉켜 간다는 것을 알았으면 합니다. 감정적으로 뜨거운 청소년기에 또래 관계가 얼마나 민감한 사안인지 선생님도 잘 알고 있습니다. 하지만, 그렇다고 해서 말하지 않으면, 문제는 더 심각해질 뿐입니다. 피해자와 가해자의 관계 형태에는 어떻게든 변화가 필요합니다. 신고를 하여 관계에 변화를 주는 것이 기회가 될 수 있음을 알

앗으면 합니다.

　관계 변화를 혼자 감내할 자신이 없다면, 선생님께 구체적인 도움을 요청하는 것도 방법입니다. 그 친구와 함께 있는 것이 떨리고 심장이 터질 것 같다면, 이것을 말하고 구체적인 대처를 요청하는 것이 좋습니다. 이 요청은 절대 나약한 방식이 아닙니다. 당연히 필요하고 심리적으로 안정적인 방식입니다. 그렇게 선생님의 도움을 한 번 받고, 두 번 받고, 세 번 받게 되면, 그 친구와 함께여도 긴장이 덜해지는 순간이 옵니다. 관계는 단번에 해결되는 문제가 아닙니다. 그렇게 천천히 시간을 두고 해결하겠다는 마음가짐과 구체적인 시도가 꼭 필요합니다.

더 좋은 만남이 나를 반드시 기다리고 있다면

　학교 폭력으로 상처받은 친구들에게 가장 필요한 것은 무엇일까요? 좀 추상적인 얘기지만 '인생이 살아 볼 만하구나'라는 기분입니다. 어렴풋하게라도 느꼈으면 합니다. '세상에 이렇게 좋은 사람들이 있고, 그래서 사람을 만나는 게 나쁜 일이 아니구나'라는 걸 조금씩이나마 느꼈으면 좋겠어요. 결국은 만남입니다. 더 좋은 만남을 할 기회를 늘려야 합니다.

　그렇다고 아이들과 억지로 친해지려고 할 필요는 없어요. 우리는 흔히 학교에서는 무조건 친구를 사귀어야 한다고 생각하는 것 같습니다. 냉정하게 말하자면, 학교는 청소년기에 배움을 목적으로 일정 기간 머물러야 하는 의무적인 공간입니다. 그렇다 보니 반 배정도 전적으로 선생님들이 결정하고, 인간관계도 자신이 선택한 것이 아닙니다. 같은 반이 되어 싫든 좋든 관계를 맺어야 하는 구조다 보니까 아무 이유 없이 따돌림을 당하는 환경이 되기도 합니다.

이런 교실의 상황에서 꼭 누군가 친한 친구를 만나게 되는 건 굉장히 운이 좋은 편에 속합니다. 단짝 친구를 만드는 것도 무척 운이 따라야 하고, 실제로 많은 친구들이 단짝 친구들을 못 만날 가능성이 높아요. 그러니 억지로 친해져야 한다고 생각할 필요는 없습니다. 하지만 설령 교실에서 친한 친구를 만나지 못하더라도, 나에게 '좋은 만남'이 찾아오지 않는 것은 아닙니다. 그러니 친구 사귀는 것에 대해 자신감을 잃을 필요도 없습니다. 현재 교실의 환경이 나에게 맞지 않는 것뿐입니다. 좀 더 자라 성숙한 인간관계를 맺게 되면 더 좋은 친구도 만날 수 있습니다. 내 앞에 더 좋은 만남이 많이 놓여 있으며, 나를 기다리고 있다는 믿음을 가졌으면 해요.

왕따를 극복해 낸 경험을 통해 왕따 상담 앱 '홀딩파이브'를 만든 대학생 김성빈 양은 왕따로 고통받을 당시에 간절하게 바랐다고 합니다. "내 편에서 들어 주는 친구가 한 명만이라도 있었으면……." 하고 말입니다. 그래서 그녀는 자신과 같이 왕따의 괴로움을 당하는 친구들을 도와줄 앱을 만들기로 결심했다고 합니다. 혼자라 믿었던 세상에 자신을 지켜 줄 지지자가 반드시 존재한다는 것을 알려 주고 싶었다면서 말이에요.

나를 아껴 주는 사람이, 생각만 해도 좋은 만남이 지금 이 교실에는 당장 보이지 않을지도 모릅니다. 하지만, 더 넓은 세상에는 반드시 존재합니다. 더 좋은 만남이 기다리고 있다는 것을 잊지 말고 관계에 대한 희망을 놓지 않았으면 해요.

누군가 나를 꼬옥 껴안아 주면 참 좋겠지만, 당장은 내 스스로 두 팔로 나를 안아 주며 토닥여 주어도 좋아요. "가장 좋은 친구는 자기 자신"이라는 말이 있어요. 다른 누구보다 자기 자신이 제일 자신의 편이 되어 따뜻하게 감싸 안으며 다독여 줘야 합니다. 나 자신을 좋은 사람으로 여길 수 있도록 "너만으로도 충분하다"는 것을 확인해 줘야 합니다. 그런 마음을 담은 시선으로 자신을 봐 주고 말해 주었으면 합니다.

김국태 쌤

'다음 타깃이 내가 되는 건 아닐까?'

아직까지는 연서가 왕따가 되고 있지만,
우리 반 아이들 대부분은 나처럼 불안한 마음을 품고 있을 것이다.
연서가 아니어도, 다른 누구라도 그 아이들은 괴롭힐 수 있을 테니까.
애초에 연서도 괴롭힘을 당할 만한 이유가 딱히 있었던 것은
아니었으니 말이다.

sight.3

방관자

'당사자들'의 이야기라 생각하지만,
실은 이것은 우리 모두의 이야기

같은 장소에 있었다는 것,
지켜본다는 것,
그리고 아무것도
하지 않았다는 것의 의미

"

직접 때리지도 않았고,
사실 썩 관심도 없었으며,
그래도 때때로 나름 속으로는
부당하다 생각했는데다가,
가끔 피해를 당하는 친구를
안쓰러워도 했으니,
나는 별 잘못도,
상관도 없습니다. 그런데…

'내가 아니라 다행이야'란 생각,
한 번도 해본 적이 없었나요?

시선 1.

'하필 혜련이랑 같은 모둠이야.'

모둠 2라고 적힌 쪽지를 고르고 나는 나도 모르게 인상을 구겼다. 2번에는 혜련이도 있고 민정이도 있다. 그 아이들과 같이 모둠 활동을 하게 되는 건, 살얼음판을 걷는 것과 같다. 아마 모둠 2를 고른 모든 아이들이 그런 생각을 하고 있을 것이다.

'다음 타깃이 내가 되는 건 아닐까?'

아직까지는 연서가 왕따가 되고 있지만, 우리 반 아이들 대부분은 나처럼 불안한 마음을 품고 있을 것이다. 연서가 아니어도, 다른 누구라도 그 아이들은 괴롭힐 수 있을 테니까. 애초에 연서도 괴롭힘을 당할 만한 이유가 딱히 있었던 것은 아니었으니 말이다.

예상대로, 혜련이나 민정이의 주장대로 모둠 활동 첫 모임 날짜와 장소가 정해졌다. 아무도 그 아이들의 말을 거스르지 않았다. 아니 거스를 수가 없었다. 아마 모둠 활동을 하는 내내 이 패턴은 굳건히 이어질 것이다. 누구도 혜련이의 눈 밖에 나고 싶지 않을 테니까 말이다. 심지어 나를 비롯한 많은 친구들이 혜련이가 습관처럼 연서의 욕을 할 때면 덩달아 웃음을 터트리기까지 했다. 당연히 웃긴 일이 아니었지만, 혜련이네 무리를 따라 같이 웃어 주는 것만으로도, 혜련이를 거스르지 않는다는 리액션처럼 보이기 때문이다.

하지만 나는 점점 숨이 막힌다. 연서를 괴롭히는 것을 지켜보는 것만으로도 충분히 두렵다. 연서에게도 미안하고 내가 피해자가 될 수 있다는 생각도 점점 심해진다. 한번은 혜련이와 눈이 마주쳤는데 굉장히 부자연스럽게 눈길을 피했다. 그것도 자꾸 마음에 걸린다. 내가 겁먹어 있다는 것을 알면 나를 집요하게 건드리지 않을까? 그런 생각에 자꾸 혜련이와 그 무리들의 행동에 눈길이 간다.

이 조바심과 두려움은 이번 모둠 활동 때까지만 이어질까? 아닐 것이다. 아마 이번 학기, 아니 학년 내내 이어질 것이다. 연서에게는 미안하지만, 연서가 괴롭힘을 당하고 있는 지금이 차라리 안심된다.

시선 2.

연서의 자해 사건이 터지고 학교폭력위원회가 열렸다. 가해자인 혜련이와 함께 행동한 민정이, 그리고 몇 명의 아이들이 학생부로 불려와 앉아 있었다. 선생으로서 상황이 이렇게까지 심각해지고 나서야 사정을 알게 되어 씁쓸하면서도 죄책감이 들었다. 그런데 아이들은 연서의 자해 사건을 들었을 텐데도 너무도 평온하고 걱정 하나 없어 보였다. 나는 비통한 마음으로 아이들에게 말했다.

"애들아, 연서 소식 들었지? 연서가 왜 극단적인 선택을 하게 됐 는지 너희 스스로 이야기해 주면 좋겠다."

아이들 누구 하나 입을 열지 못한 채 혜련이의 눈치만 보고 있다 가 민정이가 어렵게 입을 떼었다.

"저, 사실 혜련이가 연서를 걸레라고 불러서 그냥 같이 장난 삼 아 불렀던 건데요. 연서는 그런 이야기를 듣고도 별로 반응도 안 했 어요. 그래서 전 좀 갑작스러워요."
"갑작스럽다고?"
"네. 그렇게 싫었으면 말해야 알죠. 연서가 지금 저희한테 복수 하는 것 같아요."

"하. 그럼 연서가 복수하기 위해서 자해했단 말이야? 연서가 자기 SNS에다 죽고 싶다고 여러 차례 올렸는데도, 그것도 별로 반응하지 않은 거니?"

그러자 이번에는 다른 아이가 입을 연다.

"에이, 죽고 싶다고 말한다고 진짜 죽으면 저희도 다 죽었어요. 저희는 하루에도 몇 번씩 그런 말을 한다구요."

"맞아요. 얼마 전에 혜련이가 페북에 '연서 네가 더 잘 알고 있지? 네가 왜 걸레인지'라는 댓글을 달았는데, 그때 댓글이 엄청나게 달렸어요. '뭐냐, 왜 걸레야? 원조 교제야? 아님 뭔데?' 같은 댓글이요. 어쩌면 그 댓글 때문에 스트레스를 받아서 그런 걸지도 몰라요. 만약 정말 그렇다면 저희는 억울한 거죠. 저희가 그 댓글들을 달라고 시킨 것도 아니잖아요."

나는 아이들의 말에 할 말을 잃고 말았다. 아이들은 연서의 아픔이, 전혀 와닿지 않는 듯했다. 아이들은 이유 없이 친구를 괴롭혔는데도, 그것이 장난이라고만 이야기했다. 이 일의 주동자인 혜련이의 얼굴에서도 죄책감은 별로 찾아볼 수 없었다.

"네, 제가 먼저 걸레라고 부르긴 했는데요. 그냥 장난이었다고요. 장난으로 한마디씩 던진 거였는데 그게 뭐 큰일이에요. 선생님?"

조금도 미안하지 않은 얼굴로, 앉아 있는 아이들은 이 공간에서 벗어나고 싶어 안달이었다. 조사를 마치고 더 이상의 질문이 필요치 않게 되자 아이들은 교실로 돌아갔다. 교실로 돌아간 아이들은 별일 아닌 듯 시끄럽게 떠들며 하루를 보내고 있었다. 마치 아무 일도 일어나지 않은 것처럼 말이다.

그런 아이들을 보며 제대로 몰랐다고는 하나 어른으로서, 선생으로서 나 또한 방관자였음을 뼈저리게 알 수 있었다. 연서는 왜 선생인 내게 찾아오지 않았을까? 교실의 방관자였던 내 자신이 너무 무책임하여 사무치게 후회된다. 이미 연서의 몸과 마음에 새겨진 상처는 돌이킬 수 없다. 그리고 나 또한 상처에서 자유로울 수 없다. 그저 다시는 방관자가 되지 않겠다고 다짐할 뿐이다.

보복이 두려워서
끼어들기 싫어요.

괜히 나까지 끌려 들어가면
어떻게 해요.

2014년에 방송된

KBS의 드라마 〈하이스쿨: 러브 온〉을 혹시 알고 있나요? 인간이 된 천사가 고등학교에서 좌충우돌하는 내용의 판타지한 소재로 하이틴 로맨스를 다룬 드라마지요. 하지만 저는 이 드라마에서 묘사된 학교 폭력에 대해 말하고 싶어요. 상큼한 하이틴 로맨스를 다룬 드라마지만, 고등학교에서 일어날 법한 모든 종류의 폭력이 거의 등장하기 때문이에요. 그중 가장 강도 높게 다루어진 것은 주인공 이슬비가 왕따를 당하는 이야기였어요. 인간이 된 천사인 이슬비는 같은 반 아이들의 모함에 몰려 집단 따돌림을 당하지요. 그런데 이 드라마에서 그려진 학교 폭력에는 논리적이지 않은 단순함과 냉담함이 담겨 있었어요. 특히 일진 삼총사 아이들의 반복되는 폭력에는 분노도 슬픔도 느껴지지 않아요. 그리고 드라마 속 학생들의 대부분이 이런 폭력에 무관심을 보이며 동조하고 있는 듯했지요.

쌤은 고등학교가 배경이고, 주요 인물이 고등학생인 이 드라마를 보며 씁쓸한 인상을 받았어요. 학교 폭력이 이미 '장르화'된 것 같다는 기분이 들었기 때문이에요. '학교 폭력'이라는 주제가 중심이 된 것이 아니라, 고등학교가 무대인 이 드라마에서 '학교 폭력'은 당연히 들어가는 배경이 되어 버린 듯했어요. 어느 순간부터 학교 폭력이 학교의 일상이 되었는지 무척 안타까웠지요. 마치 일상처럼 보이는 친구들의 무관심이 더 가슴 아프게 다가왔어요.

더 이상한 것은 그래도 인간의 모습을 한 천사로 나오는 이슬비가 이런 학교 폭력에 적극적으로 개입하지 않는다는 것입니다. 착함과 정의에 앞장서는 천사들의 모습에 익숙한 어른 세대에겐 천사 이슬비의 이런 방관적인 태도가 갑갑했어요. 지금 이 땅의 학교에선 이미 천사들도 학교 폭력의 이야기에 면역이 되어 버린 것일까요?

동조와 방관에 담긴 무서운 합리화 효과

드라마뿐만 아니라 실제 조사 결과를 봐도 마찬가지입니다. 학교 폭력을 목격하고도 모른 척하는 학생들이 늘어나는 것으로 조사되었어요. 한국보건사회연구원은 학교 폭력을 목격하고도 '모른 척한다'고 응답한 학생의 비율은 2007년에는 35%였으나 2010년 조사에서는 62%로 두 배 가까이 늘어났다고 밝혔어요.

반면 학교 폭력이 심각하다고 느끼는 학생들의 비율은 2008년 28.6%에서 2010년에는 38.1%로 커졌어요. 학교 폭력의 심각성을 인지하는 학생이 많아졌음에도, 실제 그 상황을 목격했을 경우에

고개를 돌리는 학생이 늘어난 셈이죠. 학교 폭력을 목격하고도 신고하지 않는 이유로 응답자의 27.5%가 '같이 피해를 당할까 봐' 두려워서였다고 대답했습니다. 또한 24.6%는 '관심이 없어서' 신고하지 않았다고 답했어요. 답변 중 24.0%는 상황을 보고도 '어떻게 해야 할지 몰라서' 신고하지 않았다고 하고요.

2011년 12월 청주의 한 중학교에서는 한 학생이 자신의 발에 걸려 넘어진 학생을 '기분이 나쁘다'는 이유로 때리다 숨지게 한 사건이 일어났어요. 당시 경찰에서 참고인 조사를 받은 학생 7명은 모두 "모르겠다. 보지 못했다."고 진술했다고 알려졌어요. 맞아서 죽을 정도로 심각한 폭력을 가하는데도 아이들이 도와주지 못한 걸 보면, 가해자가 학교 내 위계 서열에서 상위에 있을 가능성이 높겠지요.

실제 아이들의 인터뷰 내용을 보면, 다들 이렇게 말합니다. "안됐죠. 볼 때마다 불쌍해요." 하지만 그렇게 말하면서도 아무것도 하지 않았어요. 친구가 당하는 걸 알지만 쉬는 시간에는 친구와 매점에 가서 수다를 떨고, 졸리면 엎드려 잤지요.

"왜 가만히 있었냐고요? 저만 그런 거 아니에요. 우리 반 애들 다 그랬어요. 일단 그 일은 내 일이 아니고, 내가 도울 수가 없어요. 그 패거리가 나쁘긴 하지만 그 애들과 등져서 좋을 게 뭐 있어요? 그 아이가 아니면 다른 애가 겪어야 할 텐데……."라며 속내를 내비치기도 합니다.

지금 이 땅의 학교에선

이미 천사들도
학교 폭력의 이야기에
면역이 되어 버린 것일까요?

사실 학교 폭력의 사건을 보면 가해 행위는 이를 주도하는 가해자만이 아니라 이를 알면서도 방관하는 나머지 전체 학생도 함께하고 있다는 것을 알 수 있습니다. 가해자에게 적극적으로 동조하는 학생, 가해자에 대한 두려움 때문에 가해자에게 동조하는 학생, 피해자가 될까 봐 무관심한 척하는 학생, 가해자의 행동이 부당하다고 생각하지만 두려움 때문에 침묵하는 학생들도 실은 가해 행위에 동참하고 있는 것이지요. '동조'라는 형태로 말이지요.

실제로 때리지도 않고, 속으로 부당하다고 생각하고 있으니 가해 행위에 대해 아무런 행동을 취하지 않아도 괜찮을까요? 아무 책임도 없는 걸까요? 연구자들은 이런 집단 동조 현상을 더욱 분석해 보려고 하고 있어요. 가해자들이 공격성을 행동으로 표출하고 이것을 반복하는 데는 이것을 지켜보는 또래 목격자들의 반응이 중요한 변수가 되기 때문입니다.

목격자들이 동조자가 되느냐, 방관자가 되느냐, 아니면 피해자를 위한 지지자이자 증언자가 되느냐에 따라 폭력의 빈도와 세기, 지속 시기가 달라집니다. 대부분의 경우, 일종의 관중이 되어 가해자를 부추깁니다. 단순히 그 자리에서 구경하는 것만으로도 괴롭힘이 관심거리라는 메시지를 전달하게 되기 때문입니다. 그리고 이것은 가해 학생에게 힘과 지위를 부여해 줍니다.

또한 폭력에 대해서도 여러 명이 동조하거나 묵인하게 되면, 폭력 행위에 대한 죄책감이나 피해자를 도와야 한다는 책임감이 줄어 듭니다. 게다가 처음에는 안타까운 마음이 들더라도 이후에는 "개가 원래 좀 그랬어." 하며 피해자가 폭력을 당할 만한 사람이었다고 지각하기 시작합니다. 그럼으로써 자신의 죄책감과 책임감을 덜어 내려고 하지요. 그렇게 피해자를 '원래 그런 아이'로 분류하는 과정에서 사회적 차별 요소들이 끼어들게 됩니다. '못생겼으니까, 비호감이라서, 뚱뚱하니까, 없어 보이니까, 병신이니까, 다문화니까, 변태니까' 등등으로 말입니다. 자신의 동조 행동에 합리성을 찾으려 하다 보니 점점 피해자를 옹호하는 행동을 기대하기 힘들어집니다.

혼자가 아니라 여럿이,
교실에는 폭력에 맞서는 협동과 연대가 필요하다

왜 우리는 학교 폭력을 보고만 있을까요? 왜 폭력 사건의 증언자가 되지 못할까요? 왜 방관자 혹은 동조자가 될까요? 학생들은 대부분 개입할 용기가 없거나 보복에 대한 두려움 때문에 개입하지 않는다고 해요. '가해 학생들이 너무 흉포해서 무서워서 그렇다'라고 할 수도 있어요. 누군가가 힘을 괴팍하게 휘두를 때 사람들이 그 앞에서 '쪼는' 것은 당연합니다. 굉장히 자연스러운 현상이기도 합니다. 그러니 그 점만을 지탄해서는 안 될 것 같아요.

그런데 그 다음에 어떻게 할 것인지가 진짜 중요한 문제입니다. 눈앞에서 벌어지는 폭력과 불의가 결국 '남의 일'이 아니라는 것을 느낄 수 있어야 합니다. 그 일이 결국 나의 일이 될 수도 있음을 느낀다면 쉽게 동조하거나 방관하지는 못할 것입니다. 더 나아가 폭력 행위도 점차 줄어들 것이고요. 사실 집단 따돌림도 다른 아이들이 가해 행동을 지지해 주지 않는다고 생각한다면 일어나기 어려워요. 선생님을 비롯한 반 친구들이 가해 행동을 묵인하고, 괴롭힘을 당하는 친구를 아무도 보살펴 주지 않는다는 판단이 있어야 집단적 괴롭힘은 가능해져요.

이런 면을 비단 철딱서니 없는 학생들의 특징으로 여길 것도 없습니다. 어른들도 마찬가지랍니다. 지하철이나 길거리를 가다 누군가 폭력을 당하는 장면을 봐도 나 홀로 피하거나 구경만 하는 일이 흔합니다. 약자가 당하는 폭력을 보면, 그가 당한 폭력적인 행위를 문제 삼기보다는 '나는 저렇게 되지 말아야지' 하는 생각을 먼저 하고 마는 것이지요. 이러한 어른들의 모습이 '폭력'에 대한 두려움을 키우고, 방관자가 되는 것이 낫다고 알려 주는 것 같아 선생님은 어른으로서 반성이 되기도 합니다. 하지만 그럼에도 선생님이 여러분에게 방관과 동조에서 벗어나라고 부탁하는 데는 나름의 이유가 있어요.

지금 혹시 증언자가 되는 게 위험한 일에 '연루'되는 것이라 생각하며, 폭력 행위에 대해 자신은 무관하다며 선을 긋고 있지는 않나요? '직접 때리지는 않지만' 그 행동을 통해 폭력이 어떻게 재생산되는지를 한 번쯤 생각해 보았으면 합니다. 지금은 동조했을 뿐이지만, 나도 모르게 폭력 상황에 익숙해지고, 이는 더한 동조로도 이어질 수 있습니다. 더욱 강도가 더해진 동조와 방관은 폭력이 더욱 일상화되는 분위기를 만들게 될 것입니다. 마치 '고등학교' 하면 '학교 폭력'이 당연한 배경이 되었던 드라마처럼 말이지요.

우리에게는 폭력 상황이 자기와 관련된 문제라고 이해하는 해석의 힘이 있어야 합니다. 내가 때리지도, 욕하지도 않았더라도, 우리는 폭력에 대한 시선과 분위기를 만들어 가는 데 동참하고 있습니다. 그러니 나와 관련된 일이 맞습니다. 하지만 폭력 문제를 '나 홀로 맞서는' 접근 방식에서 벗어나야 합니다. 여럿이 힘을 합쳐서 문제를 해결하는 경험이 아주 중요합니다. 폭력 앞에서 겁이 나다가도 누군가 "저건 잘못인 것 같은데"라고 지적하고, 주위에서 "맞아, 맞아"라고 호응을 해주면 일순 상황이 바뀝니다. 학생들은 자연스럽게 상황에 개입하게 되지요. 중요한 것은 학생들 스스로가 함께 나서서 또래를 지지해 주는 것입니다. 가해자가 폭력을 휘두르지 못 하도록 집단 분위기를 조성하는 것이 절대적으로 필요합니다. 즉, 교실의 새로운 공기를 만들기 위한 협동적 연대가 무엇보다

요구됩니다.

2016년 리우 올림픽에서는 역사상 처음으로 남수단, 콩고민주공화국, 시리아 출신 등 난민 팀이 결성되었습니다. 프란체스코 교황은 그들에게 편지를 보냈다고 합니다. "여러분의 용기와 힘이 평화와 연대에 대한 간절한 요청이 될 것"이라면서요.

평화와 연대를 만드는 데는 용기가 반드시 필요합니다. 누군가의 혐오·증오·적대에 맞서는 일이기 때문이지요. 언제나 힘이 없는 측에서 먼저 용기를 내야 한다는 점이 모순이기는 합니다만, 손을 뻗어 연결하고 지지해 주는 이들도 있으니 그런 친구들과 함께 길을 찾아보아요.

인간은 '개인'으로서 용기 있는 게 아니라 '함께'여서 용기를 낼 수 있다고 합니다. 이처럼 함께 용기를 낸 경험을 하는 것이 중요해요. 폭력과 불의 앞에서 집단의 목소리로 '네가 잘못한 것 같은데'라고 얘기할 수 있도록 학교에서도 지지와 장려를 해주어야 합니다. 이런 경험을 쌓기 위해서는 학생들이 문제에 대해 의견을 모으고, 서명을 받고, 집회를 여는 것도 중요하다고 생각해요. 청소년들도 인권을 지닌 주체이기에 충분히 자신의 생각과 목소리를 낼 수 있어야 합니다.

쌤은 폭력에 대한 반대 개념은 '관계 속에 있음'이라고 생각합니다. 동조와 방관을 하면서 관계 속에 숨는 것이 아니라, 주체적으로

관계를 맺어 나가며 목소리를 내는 것이지요. 이제라도 우리에게

필요한 것은 '이 친구한테 과연 마음을 터놓고 의지할 만한 친구가

있을까?'란 질문을 하며 다가가는 자발적 '관계 맺기'가 아닐까요?

김구태 쌤

뭐, 나랑은
상관없는 일이니까요.

공부도 바쁘고.

혹시 히틀러를 도와

제 2차 세계대전을 일으킨 독일 나치당의 선전부장 요제프 괴벨스 (Joseph Goebbels)를 아시나요? 뛰어난 웅변가이자 대중 선동의 천재였던 괴벨스는 침략 전쟁을 일으키면서 이런 말을 했다고 해요.

> "우리가 어떤 나라에 쳐들어가면 그 나라 국민은 자동적으로 세 부류로 나뉜다. 한쪽은 저항 세력(Resistance)이, 다른 쪽에는 협력 세력(Collaborator)이 있고, 그 사이에는 머뭇거리는 대중(Masses)이 있다. 그 나라 국민들이 자신들의 온갖 부가 약탈되는 것을 참고 견디게 하려면 머뭇거리는 대중을 저항 세력이 아닌 협력 세력의 편에 서도록 설득해야 한다."

인원수로 따지자면 가장 많은 수를 차지하는 것이 바로 중간에 머뭇거리는 '대중'이에요. 괴벨스는 이 대중이 어떤 태도를 취하느냐에 따라서 전세가 달라질 수 있음을 강조한 것이지요. 괴벨스가 강조한 '머뭇거리는 대중'의 선택은 실제 우리나라에서 큰 교훈을 남기기도 했어요.

1910년에 침략국 일본이 우리나라의 통치권을 **빼앗고** 식민지로 삼았지요. 그러자 국민은 세 부류로 나뉘게 되었어요. 한쪽에는 저항 세력(독립운동가)들이, 그 반대쪽에는 협력 세력(민족반역자)들이 있었고, 그 사이엔 대다수의 민중들이 있었던 거죠. 게다가 당시에는 주변국들도 일본과 우리나라의 상황을 지켜보고 있었어요. 전쟁을 겪으며 많은 민중들이 함께 저항하였고 더불어 주변국들의 도움으로 우리나라는 해방을 맞이할 수 있었지요.

이런 끔찍한 제국주의 전쟁이 학교 폭력과 무슨 관련이 있냐고요? 비유가 좀 과한 부분이 있지만, 쌤은 이 역사적인 경험으로 아래 두 가지 상황을 생각해 봤어요.

같이 생각해 볼까요?

1. 만일 침략 당한 국가의 대중들이 가해 세력에 동조하거나 온갖 핍박에도 침묵으로 일관한다면 그 나라의 운명은 어떻게 될까?
2. 만일 침략 당한 국가의 주변국들이 가해 국가의 횡포와 만행을 방관만 하고 있다면 이후의 국제 관계와 분위기는 어떻게 될까?

여러분도 어렵지 않게 질문에 대한 답을 찾을 수 있을 거라 믿어요. 1번의 경우는 침략 당한 국가는 영원히 식민지로 전락하여 나라를 잃은 설움과 독재 권력으로 뼈아픈 고통을 겪게 되겠지요. 2번은 조금 더 복잡한 상황이 벌어질 수도 있지만 주변국의 방관이 침략국의 행위를 부추기는 효과를 만들 수 있을 거예요. 전 세계가 '침략의 공포'에 시달리게 될 수도 있겠지요. 결국 이웃 국가의 처참한 상황을 방관하던 국가들마저도 침략국의 또 다른 목표물이 되는 날이 올지도 모르고요.

어떤가요? 쌤이 비유한 국가 간의 침략 행위가 교실에서 이루어지는 학교 폭력과 어느 정도 유사한 부분이 있어 보이지 않나요? 대중의 선택이 국가의 운명을 이끌었다면, 교실에서의 대중은 바로 누구일까요? 가해자와 피해자 사이에 있는 존재, 바로 방관하고 있는 학생들일 거예요. 이 방관자들이 어떤 태도를 취해야 교실이 더 밝고 자유로워질까요? 아마도 그 답을 여러분도 알고 있을 거예요. 폭력에 저항하고 피해를 방어하는 것이겠지요.

그런데 국가에 비유했을 경우에는 당연히 적용되던 이치가 개인에게 닥쳤을 경우에는 흐려지는 일들이 많이 있는 듯해요. 주변의 폭력 상황보다 더 중요한 일들이 자신에게 많이 있다는 핑계로 말이에요. 이를테면, 성적이라든가, 진로, 연애 등이 있겠지요. 하지만 이 모든 것은 기본적인 권리와 존중이 바탕이 된 다음에야 언급할 수 있는 이슈들이에요. 폭력을 당한 친구들은 이 기본적인 것들이 전혀 보장되지 않는 상태에 빠졌지요. 마치 자유를 잃어버린 식민지 국민들처럼, 인간 이하의 대우를 당하고 있는 상태예요. 그런데도 나의 일이 아니라는 마음으로 이 기본이 무너지는 것을 보고만 있다면 어떻게 될까요? 전 세계가 기본적인 가치를 잃고 전쟁의 불구덩이에 빠졌던 시기처럼, 우리 교실에도 그런 날이 찾아오게 될지도 모르는 일입니다. 우리 모두가 방관만 하고 있다면 말이에요.

방관에서 적극적 방어자로 나아가지 않으면

교실에서 어떤 학생이 한 학생을 폭행했거나 따돌림을 주도했다고 가정해 봅시다. 그런데, 주변의 학생들이 괴롭힘 당하는 친구를 돕지 않고 '나와 상관없는 일'이라고 방관만 한다면 어떤 일이 벌어질까요?

가해자는 자신을 돕는 협력 세력(동조자, 조력자, 방관자)에 힘입어 죄의식 없이 피해자를 더욱 집요하게 괴롭힐지 몰라요. 급기야 도움을 청하지도 받지도 못한 피해자는 폭력의 고통을 이겨 내지 못한 채 극단적인 선택을 감행할지도 모르고요. 이런 일들이 우리 주변에서 흔히 일어나지는 않아도, 언론 매체를 통해 안타까운 소식을 종종 접하곤 합니다. 불행하게도 우리나라의 학생 자살률은 OECD 국가 중 1위고, 자살의 원인 중 학교 폭력이 상당한 비중을 차지하고 있거든요.

이렇듯 무고한 생명까지 앗아갈 수도 있는 것이 학교 폭력입니다. 이런 전쟁과도 같은 학교 폭력 현장에서 '나만 괜찮으면 그뿐'이라는 생각으로, 피해자를 적극 방어해 주지 못한다면 사태는 더욱 심각한 지경에 이를 거예요. 가해자는 더욱 의기양양해져 공격의 대상을 주변으로 넓혀 나갈 것이에요. 그러다 결국 그 공격 대상에 '나도' 포함될 수 있다는 겁니다. 친구의 고통을 먼 산 바라보듯이 하다가 자신도 그 고통을 고스란히 겪게 되는 꼴이지요.

혹시, 여러분들 중에는 폭력(친구들 간의 가벼운 놀림이나 따돌림 등 포함)을 당하고 있는 친구를 적극적으로 도와주지 못해 소중했던 친구를 잃어 본 적 없나요? 쌤은 다 큰 어른이 되어서 친구를 돕지 못해 관계가 끊어진 적이 있답니다. 고등학교 1학년 때 만난 Y라는 친구의 이야기예요.

Y와는 고등학교를 졸업하고 나서도 10년 넘게 우정을 나눴던 사이였어요. 그런데 30대 초반부터, Y와 소원해지며 연락이 끊기게 되었지요. 그 이유는 처음에는 사소했어요. 아니 쌤과 친구들 입장에서는 사소했을지 몰라도 Y에게는 꽤 컸을지 모르지요.

고등학교를 다닐 때부터, 함께 어울리던 친구들끼리 Y를 장난삼아 놀리거나 일방적으로 몰아붙이는 일이 많았어요. 쌤은 그 친구들처럼 직접 놀리거나 화를 낸 적은 없지만 그저 그 상황을 지켜

방관에서 적극적 방어자로
나아간다는 것은,

다른 누구도 아닌 바로 나에게 주는
특별한 '선물'이 아닐까 합니다.

보았지요. Y는 처음에는 그냥 농담처럼 웃어넘기다가, 그런 상황이 반복되다 보니 점점 표정이 어두워졌어요. 아마 자존심이 상하고 많이 힘들었던 것 같아요. 가끔 쌤을 흘끗 보기도 했는데, 도와달라는 눈빛이었을지도 몰라요. 그럼에도 쌤은 그런 상황을 맞닥뜨릴 때마다 대수롭지 않게 웃어넘기기 일쑤였어요.

고등학교 졸업 후, 20대 중반부터는 간염으로 몸이 아파 술을 못 마시는 Y가 친구들 사이에서 소외되는 일도 자주 있었어요. Y의 고충을 들어도 못 들은 척하는 친구들의 행동에 Y는 입을 다물고 말았지요. 다 큰 어른이 되어서도 정말 미성숙한 행동이었어요. 그러던 어느 날, 밤 11시 경에 Y에게 전화가 왔어요.

"상원아, 요즘 너무 힘들다. 일도 그렇고. 너희의 태도도……."

평소에 속내를 잘 드러내지 않던 Y였기에, 쌤은 Y의 말을 듣고 무척 놀라기도 했어요. 그러나 진심을 다해 Y가 처한 상황을 공감해 주지는 못했던 것 같아요. 이후에도 여러 번 Y는 자신의 심정을 고백하며 쌤에게 S·O·S 신호를 보냈지만, 그때마다 쌤은 건성건성 듣고 쉽게 넘겨 버리곤 했어요.

지금 생각하면 그때 쌤이 적극적으로 나서서 Y를 이해해 주고, 도와주었다면 고등학교 때부터 이어온 우정이 그렇게 깨지지는 않았을 거예요. 그런데 쌤은 그때도 그냥 방관하는 것을 선택했지요. 내 일이 아니어서, 나에게 더 중요한 일이 있다는 핑계로 Y의 시급한 도움 요청을 외면했던 거예요.

얼마 지나지 않아 Y에게서는 연락이 오지 않았어요. Y와의 관계가 끊어지니 다 같이 가깝게 지내던 친구들과도 점점 사이가 멀어지게 되었어요. 그제야 Y가 있어서 우리의 관계가 좀 더 안정적이었고, 잘 이어질 수 있었다는 것을 알게 되었지요.

사태가 이렇게 되자, 쌤은 뒤늦게 잘못을 깨달았어요. Y에게 연락해 미안하다고 했지만, 그때는 이미 너무 늦은 후였어요. Y는 쌤은 물론이고 친한 친구들조차도 전부 만나지 않겠다면서 마음을 굳게 닫은 후였으니까요.

쌤은 이렇게 장난처럼 보이는 정서적 폭력에 편승하고 친구의 어려움을 무심하게 방관한 탓에 고등학교 시절 가깝게 지냈던 십년지기 친구를 잃었어요. 여러분 중에는 "다 큰 어른들끼리 소심하게 무슨 절교냐?"고 비웃는 친구도 있을 거예요. 쌤도 부끄럽고 창피해서 평생 감추고 싶은 비밀이었으니까요. 그런데 이 책을 읽는 여러분만이라도 소중한 친구를 잃지 않도록 도움을 드리고 싶어 어렵게 고백하는 거예요.

혹시라도 쌤처럼 이기적인 방관자, 아니 폭력 동조의 가해자로 머물러 있다가 친구를 잃어 후회한 적이 있다면, 더 늦기 전에 '적극적인 방어자(피해자를 구체적인 행동으로 도와주는 사람)'로 나서보세요. 여러분의 공감 능력과 용기는 친구들 간의 친목과 평화를 지켜 낼 수 있습니다. 때에 따라서 어느 한 사람의 생명을 구할 수 있는 매우 값진 일이 될 수도 있답니다. 그로 인해 영원한 벗을 얻을 수도 있고요. 이런 측면에서, 방관에서 적극적 방어자로 나아간다는 것은, 다른 누구도 아닌 바로 나에게 주는 특별한 '선물'이 아닐까 합니다.

글의 서두에서 학교 폭력을 처절한 살육의 장이었던 1 · 2차 세계대전에 비유했으니, 마무리도 같은 배경에서 해볼까 해요. 올리버 히르비겔 감독의 영화 '다운폴(Downfall)'은 아돌프 히틀러와 나치 수뇌부의 최후를 섬세하게 묘사했어요. 히틀러의 여비서였던 트라우들 융에(Traudl Junge)의 회고록을 바탕으로 만들어진 덕분이지요. 이 영화는 트라우들 융에의 인터뷰 장면으로 끝이 납니다. 지금도 어디선가 학교 폭력을 방관하다가 훗날 후회할지 모를 학생들에게 그녀의 인터뷰 내용을 소개해 드리고 싶어요. 여러분에게 전하고 싶은 쌤의 진심 어린 마음을 대신해서요.

"뉘른베르크 재판 중에 제가 들은 것들은 모두 공포였어요. 6만 명의 유태인들, 반체제 인사, 그리고 다른 인종까지 무참히 살해당했다는 사실에 큰 충격을 받았죠. 그렇지만 전 그런 사실을 제 과거와 연관 짓지 않았어요. 제 자신은 그 범죄와 아무런 상관이 없다고 스스로 생각해 버렸죠. 실제로 전 학살의 규모를 전혀 몰랐으니까요. 그렇지만 어느 날, 오래된 기념비를 지나가고 있을 때였어요. 프란츠 요세프 거리의 조피 숄(Sophie Scholl, 백장미단 단원으로서 반나치 활동으로 처형당함.)의 기념비요. 그녀가 제 나이와 같은 걸 보았고, 제가 히틀러 편에 섰던 해에 죽임을 당했다는 것을 처음 알게 되었죠. 그때, 깨달았습니다. 어리다는 것, 젊음은 변명이 되지 않는다는 것을요. 그리고 진실을 찾는 것이 가능하다는 것을요."

한성현 쌤

제 친구가 한 건데
어떻게 일러요.

왠지 고자질하는 것 같아서
싫어요.

교실에서 어떤 싸움이나

불의가 벌어질 때 가해자, 피해자만이 아니라 그 공간에 함께 있는 친구들에게도 엄청난 긴장감과 부담감이 전해지게 됩니다. 보이지 않는 관계가 복잡하게 부딪히는 것이 느껴질 정도이지요. 교실 속 아이들은 누구 하나 선뜻 폭력을 말리지 못하는 경우가 많습니다. 그 사이에 폭력의 강도는 더 심해지거나, 문제는 더 꼬이기 일쑤라 미리 말해 줬더라면 하고 답답한 마음이 들 때가 많습니다.

대체 아이들은 왜 눈앞에서 학교 폭력이 벌어지는데도 그것을 말리거나, 신고하지 못했을까요? 아이들이 불의를 모르거나 폭력이 그저 두려워 눈감았던 것일까요? 아이들 역시 폭력이 잘못된 행동이란 것을 잘 알고 있었어요. 그런데도 대다수의 학생들이 그것을 방관하는 것을 택했지요. 아이들에게 그 이유를 진지하게 물어보면 아이들만의 관계가 어른의 그것보다 절대 간단하지 않음을 알 수 있습니다.

"민수(가해 학생)랑 준서(피해 학생)랑 다 같이 친했단 말이에요.

평소에도 민수가 준서에게 장난을 자주 쳤는데, 갑자기 그게 싸움으로 번진 거예요. 좀 심하게 때리긴 했는데, 그걸 학교 폭력이라고 보기가 애매했어요."

"사실 민수랑 1학년 때부터 친했고, 집도 같은 아파트라 정말 자주 마주쳐요. 진짜 친한 친구인데 어떻게 일러요. 고자질하는 것 같아요."

"민수를 말리면, 왠지 준서를 편드는 것 같아서. 의리가 상할 거 같았어요."

"우리 다 같이 친했단 말이에요. 다시 화해할 수 있어요. 선생님께 알리면 일이 더 커질지 모른다고 생각했어요."

"준서가 좀 약을 잘 올려요. 민수가 엄청 참다 폭발한 거예요."

이번 학년에 같은 반이 되어 친해진 준서보다 아이들은 민수와의 관계를 더 크게 느끼는 것 같았어요. 폭력 사건이 벌어지고 민수가 자신의 행동을 적극적으로 해명하자, 친구들은 감정적으로 민수에게 더 공감하는 눈치였지요. 그것이 커져서 민수의 행동이 그리 잘못이라고 생각하지 않는 친구도 있을 정도였으니까요. 준서를 안타깝게 여기는 친구도 있었지만, 왠지 그런 내색을 표하면 민수를 배신하는 것처럼 느껴졌다고 했어요. 그리고 두 친구가 다시화해할 거라고 굳게 믿었다고 해요.

하지만, 민수와 준서의 사이는 쉽게 풀어지지 않았어요. 당연할 수밖에요. 그저 좀 과한 장난이었을 뿐인 민수와 달리 준서는 자존 감이 뭉개지고, 엄청난 수치심을 느꼈을 테니까요. 한번 무너진 자 존감은 쉽사리 회복되지 않아요. 준서는 민수를 볼 때마다 복수하 고 싶다는 마음을 느꼈고, 둘은 다시 싸우고 말았어요. 그렇게 틀어 진 관계는 정말 풀어질 가능성이 거의 없어 보였어요. 폭력의 결과, 징계가 내려졌지만, 사건이 끝났다고 느끼는 친구들은 교실에 아 무도 없었지요.

가해 행동을 모른 척해 주는 것이 과연 우정이 될까요?

쌤은 민수와 준서의 일을 보면서 주변인의 역할에 대해 크게 고 민하게 되었어요. 학교 폭력이 일어나면 지켜본 사람들에게는 '신 고의 의무'가 있어요. 그 의무를 접어 버리면, 방조죄로 가해 학생 보다는 가벼운 징계를 받게 될 수도 있지요. 다시 말해, 방관하고 알리지 않는 것 자체로도 '정당하지 않은 행위'가 된다는 것이에요.

그럼에도 학생들은 가해 학생과의 친분을 무시할 수 없어 신고 하지 않거나, 애써 모른 척 혹은 못 본 척해 버려요. 그것이 친구를 위한 길, 관계를 지키는 길이라고 생각하고 말이지요. 하지만, 과 연 그것이 친구를 위한 길일까요? 우정을 지키고 관계를 지속하는 길

고자질이란 그 행위 자체가
　나쁜 것은 아니란 말이지요.

중요한 것은 무엇을 고자질하는가 이지요.

그것이 감추고 싶은 남의 비밀인지,
　아니면 바로잡아야 할 잘못인지가

더 중요한 것이지요.

일까요?

가해 학생의 행동을 한 번 모른 척한다면, 가해 학생은 '폭력'이라는 자신의 행동이 큰 잘못이라는 생각을 못하고 지나칠 수 있어요. '때린 것은 잘못이지만, 자신의 행동에는 나름 이유가 있으니 괜찮다.'는 생각으로 다음에도 다시 비슷한 일을 일으킬 수도 있지요. 어쩌면 민수는 자신을 옹호해 주는 친구가 많다는 생각에, 더 의기양양해져서 과감하게 폭력을 시도할지도 몰라요. 그러다가 더 큰 대가를 치러야 할 일을 만들 수도 있고요. 그때가 된다면 주변 친구들의 행동은 민수를 위한 길이 아니라 더 좋지 않게 만드는 길이었음을 알게 될 거예요.

또한 만일 민수가 비슷한 폭력 행위를 또 벌였을 때 그때 피해 학생이 이번에는 민수보다 더 절친했던 친구라면 어떻게 할 것인가요? 아니 만일 나의 가족이라면 어떻게 할 것인가요? 아니 민수와 내가 마찰이 생긴다면 그때는요? 그때도 민수와의 우정을 생각해 '그럴 만한 이유가 있다, 그저 장난이었다'고 생각할 수 있을까요? 이렇게 얼마나 친한지에 따라 '신고를 하고 안 하고'가 결정된다면 그것은 과연 우정을 지키는 길이라고 할 수 있을지요. 그때가 되어서도 민수와의 관계는 과연 평탄하게 지속될 수 있을까요?

진정 민수를 생각한다면, 또 민수와 좋은 관계를 이어가고 싶다면 민수가 또다시 그런 잘못을 저지르지 않도록 일깨워 주는 것이 훨씬 이로운 방법일 거예요. 민수는 잘 느끼지 못하는 준서의 상처 받은 마음에 대해 알려 주고, 그 감정을 느껴 보도록 이끌어 주어야 해요. 민수 스스로 자신의 잘못을 느끼고, 뉘우칠 수 있도록 만들어 주어야 앞으로의 관계도 잘 맺어 나갈 수 있을 거예요. 그것이 우정을 지키는 길이 될 것이고요.

고자질이 나쁜 행동이라고 생각하나요?

많은 아이들이 친구와의 관계를 우선시하다 보니, 친구들 간의 다툼이나 폭력 행위를 신고하고, 선생님께 말씀드리는 것이 고자질이라고 생각하는 것 같아요. 그것은 친구를 배반하는 행동이라고 여기고요.

사실 고자질이 나쁘고, 고자질을 하는 사람이 배신자라고 생각하는 것은 편견이기도 해요. 고자(告者)란 남의 잘못이나 비밀을 알리는 사람을 말해요. ('고자질쟁이'라고 고자질에 대해 폄하하는 단어가 있어서 더욱 고자질에 대한 인식이 나쁜 것 같기도 해요. 그것은 다른 사람의 일에 나서서 이야기하는 것을 좋게 보지 않는 우리 문화의 영향이기도 해요.) 고자질이란 그 행위 자체가 나쁜 것은 아니란 말이지요. 중요한 것은 무엇을 고자질하는가 이지요. 그것이 감추고 싶은 남의 비밀인지, 아니면 바로잡아야 할 잘못인지가 더 중요한 것이지요.

쌤은 다른 사람이 감추고 싶은 비밀을 밝혀내는 행동은 권하지 않지만, 남의 잘못에 대해서 말하는 고자질만큼은 좀 옹호해 주고 싶어요. 잘못된 것을 밝혀내 바로 고쳐야 하는 역할이 없다면 우리 사회, 우리 교실은 무법천지가 될지도 모를 테니까요.

단순히 나와 친하다는 이유로, 잘못을 알고도 알리지 않는다면, 그 잘못이 당연해지는 분위기가 만들어질 수 있어요. 그렇게 되면 이번에는 내가 불이익을 당하는 일이 생길 수도 있겠지요. 그때 되어서 주변 사람들이 내가 당한 불의를 모른 척한다면 어떨까요? 누구 하나 잘못된 행동에 대해 잘못되었다고 나서서 말하지 않는다면 우리는 잘못된 말 외에 어떤 주장도 편하게 할 수 없는 환경에서 지내게 될 거예요. 우리 사회에서 '내부 고발'이 비리를 고발하는 정의로운 행동이라는 것을 알면서도 실제로는 실행하는 것을 꺼리는 것처럼 말이에요.

이제는 고자질에 대해 좀 더 밝은 관점으로 보았으면 해요. 잘못된 상황에 대해 말할 때 감정적 개입 없이, 선입견 없이 이야기하며 도움을 요청해야 해요. 고자질을 한다고 배신자가 되는 것도 당연히 아니에요. 오히려 가해 학생, 피해 학생을 적극적으로 돕는 사람이 되는 것이지요.

가해 학생과 친하다는 이유로 망설여진다면 정말 친구 관계를 지키는 것이 무엇인지 다시 한 번 곰곰이 생각해 보았으면 해요. 이제부터라도 친구를 지키기 위해, 우정을 지키기 위해 적극적으로 돕는 주변인이 되었으면 합니다.

이수석 쌤

소문을 들어 보면

당할 만하니까
당하는 거 아닐까요?

"그냥 다른 애들이

말해 줘서 그대로 말한 건데요?"

"걔는 원래 좀 그랬어요. 애들도 다 알아요. 평소에도 그래서 걔가 그랬을 것 같아서 그렇게 말한 것뿐인데요."

"3학년 때도 같은 반이었던 애들이 그러는데, 걔가 뒤에서 맨날 딴 사람을 욕하고 째려보고 그랬대요. 걔가 자주 그런다고 ○○(전학 온 학생)이한테 그냥 알려 주던데요."

나쁜 말들의 전성시대

'발 없는 말이 천리 간다'는 속담이 있습니다. 말이 얼마나 빠르게 퍼지는지를 알려 주는 속담인데 이제는 옛말이 되었습니다. 스마트폰이 일반화된 현대의 발 없는 말은 천리가 아니라 1시간이면 지구를 한 바퀴 돈다고 합니다. 누구나 소식을 쉽게 접하고 전할 수 있게 된 소셜 미디어 시대가 되면서 그만큼 말의 전파 속도는 엄청나게 빨라지고 있는 것입니다.

얼마 전부터 이런 상황을 이용하여 기업에서는 바이럴 마케팅 (viral marketing)이란 방법을 사용하고 있습니다. 이것은 소셜 미디어를 통해 거미줄처럼 네트워크되어 있는 소비자들에게 바이러스처럼 전염성으로 빠르게 정보가 퍼져 나가도록 유도하는 마케팅 기법을 말합니다.

예를 들어, 예전에는 한 기업에서 새로운 제품이 나오면 TV, 신문 등을 통해 제품의 장점을 빠른 시간 안에 소비자에게 전하기 위해 노력하는 것이 보편적인 광고 방법이었습니다. 그런데 지금 각광 받는 바이럴 마케팅은 파워 블로거 등 영향력 있는 개인들에게 자사의 제품을 사용하게 한 후 그 후기를 소셜 미디어에 올리게 하여 자사 제품에 대한 이야기가 자연스럽게 인터넷상에 퍼지도록 하는 것입니다. 이 바이럴 마케팅이 왜 요즘 더 효과적일까요?

일단 광고라고 하면, 현대의 소비자들은 '아~저건 저 회사에서 좋은 점만 이야기하는 거잖아.'라고 비판적인 태도로 받아들이게 됩니다. 그런데, 그 회사와 아무런 관계가 없어 보이는 개인이 자신의 소셜 미디어에 제품에 대한 이야기를 올리고 그에 대한 피드백 (댓글 등)을 보면 사람들은 그 내용을 일반 광고보다 더 신뢰하게 됩니다. 제품 후기를 올린 개인이 어떤 사심 없이 솔직하게 장단점을 알려 줄 거라고 믿게 되기 때문입니다. 기업에서는 이 점을 이용해 마케팅으로 활용하는 것입니다.

바이럴 마케팅도 쉬운 일은 아닙니다. 단순히 영향력 있는 블로거를 설득하여 자사 제품만 쓰게 하고 후기를 올린다고 끝나는 일이 아니기 때문입니다. 사람들이 자발적으로 자사의 제품을 이야기하게 하고, 다른 사람에게 추천하게 하려면 고도의 전략을 써야 합니다. 더군다나 그게 광고처럼 안 보이게 해야 하므로 더욱 많은 고민과 시간, 자금이 들어가기도 한답니다.

이런 어려운 점이 있다 보니 자연스레 시간과 돈, 그리고 훌륭한 전략에 대한 고민을 줄이는 꼼수가 등장하게 되었습니다. 바로, 경쟁사의 제품을 비방하고 깎아내리며 안 좋은 소문을 내는 것입니다. '저 제품을 내 친구가 사용했는데 바로 고장 났다. 근데 대리점에 갔더니 AS도 안 해주고 욕하고 내쫓더라.', '인터넷에서 봤는데 저 제품을 계속 쓰면 몸에 해로운 성분이 나온다고 하더라.' 등등. 확인되지 않은 나쁜 소식을 경쟁사 제품과 관련된 이야기가 나오는 홈페이지나 소셜 미디어 내용 아래에 댓글로 끊임없이 답니다. 그렇게 해서 경쟁사 제품에 대해 안 좋은 소문이 나게 하는 것입니다. 경쟁사의 매출이 줄게 하여 자사의 이익을 상대적으로 늘리려고 하는 것이지요. 이런 행위를 어뷰징(abusing, abuse. 오용, 남용, 폐해 등의 뜻) 바이럴이라고 표현합니다.

그런 걸 누가 믿냐구요?

실제로, 광고 대행사를 이용하여 경쟁 업체를 안 좋게 소문내서 소송이 걸린 경우도 있습니다. 그로 인해 막대한 재산 피해를 입은 회사들도 있다고 합니다. 드러난 피해뿐만이 아닙니다. 혹시, 어떤 제품에 대해 확인되지 않은, 안 좋은 소문을 들어서 살까 말까 망설인 경험이 있지 않나요? 그렇다면 샀건, 안 샀건 망설였다는 것만으로도 그 제품에 대한 신뢰가 떨어진 것이니 이 또한 어뷰징 바이럴을 통한 피해라고 할 수 있습니다.

갑자기 기나긴 기업 마케팅 이야기를 왜 하느냐고요?

안타깝게도 우리 주변에서도 이렇게 확인되지 않은 소문이 순식간에 퍼져서 피해를 보는 사람이 너무나 많기 때문입니다. 글의 처음에 등장한 대화들은 쌤이 5학년 담임을 하고 있을 때 들은 말들이었습니다. 한 친구(이하 'A')에 대한 안 좋은 소문을 아이들이 계속 톡으로 돌리고 있었어요. 그리고 A의 소셜 미디어에도 들어가서 댓글로 비아냥거리거나, 안 좋은 이야기를 끊임없이 쓰는 것입니다. 처음에는 주동하는 아이들 3~4명이 소문을 내는 것 같았어요. 그런데 알아보면 알아볼수록 그 수가 점점 늘어나서 반 여자애들이 거의 모두 참여한 것으로 드러나더군요. 소문은 주로 'A가 배신을 잘한다. 여기저기에 친구들을 욕한다. 교실에서 떨어져 있는 물건들을 주인 안 찾아 주고 몰래 가져간다.'였습니다. 소문을 퍼트린 아이들을 한 명씩 불러서 물어봤습니다.

짧은 말이든, 긴 이야기든
　　모든 말에는 의미가 있고 책임이 있습니다.

그리고 그 책임은 당연히
　　그 말이 나온 사람에게 있는 것입니다.

"A가 누구 배신한 적 있어?"

"A가 다른 친구를 욕한 것을 직접 보거나 들은 적 있어?"

"A가 다른 사람의 물건을 가져간 것을 알고 있거나 본 적 있어?"

이상하게도 A가 배신하거나, 욕한 것, 그리고 다른 사람의 물건을 가져간 걸 직접 목격하거나 들은 사람은 아무도 없었습니다. 그럼 왜 소문을 냈냐고 물었더니 다음처럼 답하더군요.

"3학년 때 A랑 같은 반이었던 애들이 그때부터 막 그랬대요.(누가 그런 말을 했는지는 모름).", "다른 친구들이 A는 원래 그렇다고 하니까 괜히 A를 편들면 안 될 것 같아서요.", "A가 가끔 눈치 보고 그러는 게 누구 욕하고 들킬까 봐 그러는 것 같아서요."

너무나 쉽게 A를 나쁜 친구로 낙인을 찍어 놓고는 아무도 소문의 진실이나 A의 이야기를 들으려 하지 않았던 것입니다. 심지어 전학 온 친구에게 친절하게(?) A에 대한 편견을 알려 주면서 'A랑 놀면 너도 A한테 배신당하거나, 뒷담화를 당하거나, 네 물건이 사라질 수도 있다'고 알려 주기까지 했다고 합니다.

더 놀라운 것은 모든 아이들이 다 아는 소문이라서 자기도 다른 사람에게 이야기한 것뿐이지 자기가 특별히 잘못한 것이 없다고 여기는 태도였습니다.

A에 대해 나쁜 소문을 내는 친구들의 행동이 흡사 어뷰징 바이

럴을 퍼 나르는 사람들과 똑같지 않나요?

특별히 잘못한 것이 없는 회사에 대한 안 좋은 소문을 사실 관계에 대한 확인도 없이 막 퍼 나르는 사람들의 모습을 떠올려 보세요. A는 특별히 잘못한 것이 없는데, 사실을 확인하지도 않고 A에 대한 나쁜 소문들을 아무렇지 않게 주변으로 퍼 나르는 친구들과 겹쳐 보이지 않나요?

그것이 잘못됐다는 것이 밝혀지면 나는 그냥 인터넷에 떠도는 이야기를 옮긴 것밖에 없다고 책임을 피하려는 사람들도 곰곰이 생각해 봅시다. 마치 소문 때문에 상처받은 A를 위해 사실 관계를 확인하려 하니, 그제야 자신은 그냥 알고 있던 내용을 전해 준 것뿐이라고 책임을 회피하는 친구들과 똑같은 모습이지 않을까요.

소문을 퍼 나르는 사람들이나 친구들은 자기가 피해를 보는 것이 없으니 별 생각 없이 그 내용들을 여기저기로 전할 것입니다. 하지만 그로 인한 피해는 당사자(회사나 A양)에게 오롯이 돌아간다는 것도 똑같네요.

보이지 않는다고 책임이 없는 것이 아니다

'아니 땐 굴뚝에 연기 나랴'는 옛날 속담을 알고 있나요?

'원인(나무를 태운 것)이 있기 때문에 결과(연기가 난 것)가 있다'라는 뜻의 말인데, 앞서 이야기한 일들을 보면 이 속담도 이제 바뀌어야 할 것 같습니다. 스스로 원인이 될 나무를 안 태웠는데도, 결과인 연기가 나버리는 세상이 되었으니까요. '아니 땐 굴뚝에도 다른 사람 때문에 연기가 나더라.'라고요.

어뷰징 바이럴의 이야기에서 가장 큰 잘못은 누구에게 있는 것 같나요?

먼저, 어뷰징 바이럴을 한 기업이 가장 큰 잘못일 것입니다. 자신의 이익을 위해 악의적으로 허위 사실을 유포했기 때문입니다. 이것은 엄연한 형사 처분 대상입니다.

그 다음에는 이것을 무분별하게 퍼 나르는 사람들에게도 책임이 있을 것입니다. 허위인 것을 알고도 배포하였다면 똑같은 처벌 대상일 것입니다. 만일 모르고 했더라도, 본인의 행동이 특정한 사람이나 기업에 큰 피해를 줄 수 있다는 것을 생각하고 당연히 사실 관계는 확인해 봐야 했습니다. 그런데 그러지 않았으니 책임을 피할 수는 없을 것입니다.

그럼, A양의 이야기에서는 누가 잘못을 한 것 같나요?

당연히, 처음 그 소문을 낸 아이가 가장 큰 잘못일 것입니다. 그리고 그 소문을 여기저기로 퍼뜨린 아이들에게도 잘못이 있을 것입니다. 자신이 퍼뜨린 그 말들이 누군가에게는 돌이킬 수 없는 상처가 되기 때문이지요.

설망어검(舌芒於劍)이란 말이 있습니다. 혀가 칼보다 날카롭다는 뜻입니다.

'물고기는 언제나 입으로 낚인다. 인간 역시 입으로 걸린다.'는 탈무드에 나오는 이야기입니다.

동양이든 서양이든 어디에나 말을 조심해야 한다는 격언은 정말 많습니다. 그만큼 말은 무서운 것입니다. 말을 전하기만 했다고 해서 내가 한 말이 아닌 건 아닙니다. 짧은 말이든, 긴 이야기든 모든 말에는 의미가 있고 책임이 있습니다. 그리고 그 책임은 당연히 그 말이 나온 사람에게 있는 것입니다.

자신의 말을 책임지려 하지 않는 사람들이 많아진다면 세상은 무책임한 말들이 많이 돌아다니는 세상이 될 수밖에 없습니다. 그런 세상에서는 누구든 그 말의 칼에 찔려서 상처받게 될 것입니다. 언제, 어디서, 누가 말의 칼에 찔려 상처를 받을지 모르는 세상. 생각만 해도 끔찍하지 않나요?

늘 말의 무게를 생각하며 자신에게서 나온 말에 책임을 지려고 해보세요. 나부터 그렇게 한다면 여러분 주변은 이미 조금씩 자기 말에 책임을 지고 있는 사람들로 채워질 것입니다. 그리고 그렇게 세상은 변하기 시작할 것입니다.

지켜보는 것만으로도
두렵고 불안해서
어쩔 줄 모르겠어요.

다음은 제가 타깃이 될까 봐
악몽도 꿔요.

사회적 관심과 조치들이 늘어가지만, 실제 우리가 느끼는 두려움의 크기는 더욱 커지는 것 같아요. 얼마 전 한국보건사회연구원이 내놓은 학교 폭력 경험의 실태 조사에 따르면 9세에서 17세까지 3명 중 1명이 학교 폭력 피해 경험이 있다고 나왔습니다. 또한 5명 중 1명은 가해 경험이 있다는 결과가 나왔지요. 이 결과를 볼 때 이제 학교 폭력은 몇몇 특수한 아이들에게 일어나는 일이 아니라는 것을 알 수 있어요.

2016년 학교 폭력 실태 조사 결과를 보면 신체적 폭력의 비중은 감소했지만 상대적으로 집단 따돌림, 협박, 놀림 등 정신적 폭력의 비중은 높았다고 나왔습니다. 특히 인터넷과 스마트폰 및 SNS 등을 이용하여 교묘하고 은밀하게 괴롭히는 일이 늘어나고 있는 것이지요. 이제는 눈에 보이는 것이 아니라 교묘히 나도 모르게 '은따'(은근히 따돌림)를 당하고 있다가 나중에 모욕감이나 자괴감에 빠지게 되기도 합니다. 이렇다 보니 피해자가 아니어도, 그저 그런 일을 지켜보고 있는 것만으로도 나도 모르게 언제 폭력적 현상이 찾아올지 모른다는 불안감에 빠지게 됩니다.

이번에는 내가 타깃이 되지 않을까 하는 불안감

현정이 역시 언젠가 카카오톡에서 친구들끼리 주고받는 내용 가운데 자기 이름을 우연히 보게 되었다고 합니다. 그 후 자신이 그런 은따를 당하고 있는 게 아닌가 의심을 품게 되었답니다. 그 두려움 때문인지 며칠 전 현정이는 카카오톡에서 친구들과 '해영이'에 대해 이런저런 조롱과 욕을 하는 데 참여하기도 했대요. 그래도 너무한 것 같아 아무 말도 하지 않고 그냥 'ㅋㅋ'나 'ㅇㅇ', 또는 'ㅉㅉ'로 일관하기도 했습니다.

하지만 친구들이 소극적인 자신을 비난할 것이라는 두려움이 계속 든다고 해요. 친구들이 자신을 두고 몰래 욕을 하고 있을지 모른다는 두려움이 앞섭니다. 그래서 서로 눈짓만 교환해도 가슴이 쿵 내려 안고는 합니다.

현정이의 불안한 마음은 거기서 끝이 아니었습니다. 카카오톡 대화방에서 집단으로 욕설을 하다가도 자기만 남겨 두고 전부 탈퇴할지도 모른다는 생각도 들었습니다. 어쩌면 갑자기 자신을 대화방에 못 들어오도록 차단하거나 안티 카페를 개설할지도 모를 일입니다. 그렇다고 친구들에게 이야기하다가 잘못하면 상황만 더 악

화시킬 것 같아 이러지도 저러지도 못하고 애만 탑니다. 지난번에는 별것 아닌 일로 화를 내서 친구들과의 관계가 더 이상해지기도 했습니다. 이러다가는 정말 왕따가 될 것 같아 두렵기만 합니다.

더구나 현정이는 공부도 별로 못하고 소심하며 지극히 평범합니다. 그런데 이런 아이들이 주로 따돌림의 타깃이 되기 쉽다고 합니다. 며칠 전부터는 계속 악몽을 꾸고는 했습니다.

상대를 직접 대면한 상태에서 괴롭히는 방식과는 달리 사이버 공간은 명확히 누가 가해자인지 알기 어렵습니다. 그뿐만 아니라 자신들은 그냥 대화를 나누었을 뿐이라고 생각하기 쉬워 스스로 가해자라고 생각을 못하기 쉽습니다. 그래서 자신의 행동이 학교 폭력에 해당한다는 것을 인지하지도 못한 채 학교 폭력에 가담하게 됩니다. 현정이도 자신도 모르게 폭력에 가담을 했으면서도 또 자신이 언제 그런 지경이 될지 모르기 때문에 점점 더 불안해지는 것이지요. 딱히 누군가 괴롭히는 것도 아닌데 스스로 괴롭힘을 당하고 있는 이런 상황이 종종 만들어지고는 합니다.

사이버 공간에서 일어나는 폭력은 신체적 폭력처럼 눈에 보이지는 않아도 정신적인 고통은 훨씬 크게 남습니다. 오고가는 말에 담긴 내용으로 수치심과 그 고립감을 느끼고 자신에 대한 자아존중감이 크게 떨어집니다. 그리고 다음 타깃이 내가 될 수 있다는 불안감은 커다란 스트레스로 다가옵니다.

내가 당한 고통이
내 개인만의 문제가 아니라

전체의 문제로 공적으로 다루어지는
경험을 갖게 되는 것이지요.

왕따를 당하는 것도 또 누구를 괴롭히는 것도 아닌 그저 방관자인 상태로 있는 민주네 반 이야기를 들어 볼까요?

민주네 반 은혁이는 뇌병변 장애로 두 다리가 불편한 아이입니다. 반 친구들은 그런 은혁이를 도와주고 보살펴 주지만 힘이 세고 덩치가 있는 정훈이는 은혁이를 늘 괴롭힙니다. 은혁이가 좋아하는 딱지도 뺏고 카드도 쓱 가져가곤 합니다. 그럴 때마다 은혁이는 다리도 불편하고 힘도 약하기 때문에 어떻게 저항할 방법이 없었습니다.

민주도 은혁이를 도와주거나 말을 들어 주기보다는 사납게 들이대는 정훈이를 피해 버리는 게 상책이었기 때문에 은혁이를 괴롭히는 것을 모른 척해 버렸습니다. 그러다 보니 자연히 은혁이는 왕따가 되어 갔습니다. 하지만 모두 '별로' 신경 쓰지 않았습니다. 가끔 반장으로서 선생님께 말씀드려도 그때뿐이었어요. 심지어 정훈이가 누구한테 말하면 죽어 버리겠다고 협박까지 해서 다들 아무 말도 할 수 없었습니다. 점점 시간이 흐를수록 다른 아이들도 은혁이가 몸이 불편하고 학교생활도 잘 못하니까 은근히 왕따를 시켰습니다. 하지만 민주는 관심을 갖지 않았습니다. 다들 그러니까요.

어느 날 지훈이가 민주 짝이 되었습니다. 지훈이는 좋아하는 여자 친구들도 많고 선생님들에게도 인정받는 아이예요. 공부를 그리 잘하는 편은 아니지만 정의로운 구석이 있었습니다. 남을 돕거나 굳은일을 도맡아 하면서도 무심한 듯한 반항적인 아이입니다. 그리고 늘 유쾌하고 뭔가 멋있는 척을 해서 친구들에게 더 인기를 끌었지요. 민주도 그런 지훈이가 좋았습니다. 하지만 그런 내색을 할 수는 없었습니다. 뭔가 부끄럽고 아이들도 비웃을 것 같았거든요.

그런데 친하게 지냈던 서언이와 세진이가 언제부턴가 서로 눈짓을 교환하면서 은근히 자기네들끼리만 다니기 시작하는 거예요. 더구나 세진이는 자기 물건을 함부로 가져갔다고 시비를 걸어 왔습니다. 참다못해 민주는 세진이와 큰소리로 다투기까지 했지요. 그런 일들이 몇 번 있다 보니 다른 아이들도 점차 자기를 멀리하기 시작하는 것만 같았어요. 서언이나 세진이는 다른 친구들이 많았지만 민주는 책을 읽고 혼자 있는 시간이 많아 서언이와 세진이 외에는 친한 친구도 별로 없었습니다. 갈등이 생기면 모두들 서언이나 세진이 편을 드는 것만 같았습니다.

민주는 이대로 가다가는 자신이 왕따를 당할 것 같아 불안하기만 합니다. 자기도 은혁이처럼 혼자서 점심을 먹거나, 친구들에게 뭔가 물어봐도 대답도 안 해주는 투명 인간 같은 존재가 될 것 같아 불안하기만 합니다. 민주는 은혁이의 기분을 알 것 같았습니다.

어느 날 3명에서 4명 정도 모둠을 만들어 모둠별 활동을 하기로 했습니다. 몇몇 아이들은 그룹을 쉽게 만들었지만 몇몇 아이들은 남아서 망설이고 있었습니다. 특히 은혁이는 끝까지 혼자 남아 어느 모둠에도 들어가지 못하고 있었지요. 이때 혼자 남아 있는 게 안됐는지 지훈이가 자기네 모둠에 은혁이를 끼워 주었습니다.

불만 없이 다들 모둠을 만들자 선생님이 왕따에 대하여 이야기해 보자고 제안하셨어요. 내가 만일 왕따가 되었다면 아무도 내 말을 들어 주지 않고 나와 이야기조차 하지 않는다면 기분이 어떨지 말하자고 하셨지요. 친구들은 처음에는 웃으면서 그저 "괴로워요, 싫어요."처럼 막연하게 혹은 추상적으로 이야기했어요.

그러다가 지훈이가 왕따를 당했던 자신의 경험을 이야기했습니다. 모두 지훈이에게 그런 경험이 있을 거라고 상상도 못해서 놀라워하며 귀 기울였어요. 그러면서 점점 솔직한 이야기들이 나오기 시작했습니다. 다들 그런 경험이나 기분을 느낀 적이 있다고 말이지요. 민주도 요즘 자신의 기분을 이야기하면서 왈칵 눈물이 나올 거 같은 것을 참으며 속상한 느낌을 말했어요. 은혁이는 하루 종일 아무 말 없이 가만히 앉아만 있으니 짜증도 나고 답답해진다고 말했어요. 그러자 교실에는 침묵이 흘렀습니다. 모두 그 속상함에 공범이 된 느낌이 들었기 때문입니다. 서로의 이야기를 나누고 나니 민주는 은혁이에 대해 무관심했던 자신이 부끄럽고 은혁이에게 미안해지기도 했어요. 또 요즘 들어 스스로 피해자라고 불안에 떨었던 마음이 조금 엷어지는 것 같았습니다.

방관자로 있기보다는 그 문제에 관심을 갖고 들여다보면 오히려 불안에 떨지 않을 새로운 국면이 드러나게 됩니다. 내가 당한 고통이 내 개인만의 문제가 아니라 전체의 문제로 공적으로 다루어지는 경험을 갖게 되는 것이지요. 이렇게 서로의 문제를 나누는 사회적 경험은 내 개인적인 고통에서 벗어나 문제에 객관적인 거리를 둘 수 있어 더 성숙하게 문제를 해결하게끔 도와줍니다. 모른 척해버리거나 내가 왕따가 될까 봐 겁을 내는 것은 절대 해결 방법이 되지 않아요. 그보다는 전체적으로 친구들과 자신의 기분과 처지를 이야기하는 기회를 많이 가져 보는 것도 좋은 방법이 될 거랍니다.

이정숙 쌤

지켜보는 게

솔직히
좀 재미있어요.

우리가 폭력을

지켜보게 되었을 때 느끼는 감정에는 어떤 것이 있을까요? 가장 먼저 떠오르는 감정으로는 공포, 슬픔, 두려움, 무기력감, 우울, 긴장감 같은 부정적인 감정이 있을 것입니다. 그리고 또 한 가지가 있습니다. 바로 '흥미'입니다. 얼마나 흥미로우냐면 우스갯소리로 재미있는 구경거리에 불구경, 싸움 구경이라는 말이 있을 정도입니다. 그럴 정도로 '나와 관계없는' 다른 사람의 다툼, 갈등은 일종의 게임처럼 느껴져 '지켜보는 재미'를 주기도 합니다.

마치 액션 영화를 보면서 주인공이 나약한 무리를 소탕할 때 주는 쾌감과도 같은 정서를 주는 것입니다. 주인공이 폭력을 행사하며 적을 무찌를 때 우리는 관객으로 그 장면을 즐기고 지켜봅니다. 영화는 철저하게 허구의 인물과 사건이며, 스크린 속에 벌어지는 일들이 현실에서 벌어지지도 않으니까요. '나와 전혀 관계없고, 실제이지도 않기에' 우리는 폭력 장면을 일종의 오락처럼 즐기게 되는 것입니다.

그런데 학교 폭력에서도 이와 같은 측면이 나타납니다. 일부 연구 결과에 따르면, 폭력을 지켜보는 학생들 가운데, 친구를 향한 폭력을 나쁘게 보지 않고, 오히려 즐거워할 수 있다는 연구 결과가 있습니다. 폭력 행위를 보는 것이 재미있으면 굳이 이것을 막아야 한다는 생각을 하지도 못한다는 연구 발표도 있습니다. 한 교실에서 벌어지는 일이지만, 나와 친하지 않는 이들의 다툼일 뿐이니, 지루한 일상의 큰 흥밋거리가 된다고 여기는 것이지요. 싸움을 말리기 위해 선생님을 부르는 친구에게 "아, 한창 재미있었는데." 같은 말을 하는 아이도 있을 지경입니다.

그런데 학교 폭력은 '액션 영화를 보는 것'과는 전혀 다릅니다. 학교 폭력은 영화와 달리, 실제로 일어나는 일이고, 당사자들도 나와 전혀 관련 없는 인물들이 아닙니다. 한 교실에서 생활하고, 1년 동안 함께 어울리는 친구입니다. 비록 친하지 않더라도, 전혀 없는 사람처럼 굴 수 없는, 같은 반 급우인 것이지요. 십 대 청소년들도 그것을 잘 알고 있을 것입니다. 그런데 이런 '오락이나 액션 영화'를 보는 것 같은 재미를 느낀다는 것은 어쩌면 섬뜩한 이야기이기도 합니다.

우리 주변에서 폭력이 일어나는 것에 익숙해진다는 것

어쩌면 우리는 너무도 '방관'이라는 행위에 익숙해져 있는 것은 아닐까요? 신고를 해도 학교 폭력이 말끔히 마무리되지 않고, 힘 있는 가해 학생은 여전히 기세등등합니다. 힘이 없다는 이유로 피해 학생이 가해 학생이 되어 버린 어처구니없는 사례들도 있습니다.

부당하고 불의하다는 것은 알고 있지만, 지켜보는 것 외에 다른 행동은 그동안의 학습으로 그리 큰 효과가 있다고 보이지 않아서, 우리는 그저 또 지켜봅니다. 그러나 무력하게 지켜보는 행동에도 죄책감은 느껴지기에 그것을 합리화하고자 '내 주변의 폭력을 나와 관련 없는 스크린 속 사건'처럼 지켜보는 자세가 되어 버린 것은 아닌지 모르겠습니다.

내 일이 아니니, 그저 싸움은 재미있습니다. 나와 친한 친구가 아니니 아파해도 그다지 공감하게 되지 않습니다. 그리고 갈등은 그저 흥밋거리가 됩니다.

이렇게 갈등과 다툼과 폭력이 그저 흥미가 되어도 괜찮은 것일까요? 이와 관련된 영화를 한 편 소개해 볼까 합니다.

서울지방경찰청이 실제로 일어났던 학교 폭력 사건을 각색해서 만든 영화입니다. 제목은 '늦은 후 애(愛)'입니다. 일선 경찰이 직접 각본을 쓰고 연기를 한 작품으로, 우리 사회의 폭력을 방관하는 문화에 경종을 울리는 영화이지요.

2학년인 태호는 어느 날 김혜림 선생님을 찾아와 자신이 3학년 선배한테 괴롭힘을 당하고 있다고 털어놓습니다. 그런데 태호네 집이 매우 형편이 어렵습니다. 홀어머니는 암에 걸려 몹시 아픈데도 불구하고 가계를 위해 선술집 장사를 하며 고생을 합니다. 어머니도 아프고 집안 형편도 어려운 태호를 3학년 선배 현기가 마구 괴롭히는 것입니다.

현기는 태호에게 길거리 군고구마 장사를 시키며 돈을 뜯어내고 걸핏하면 때립니다. 태호는 참다못해 학교 상담 선생님에게 학교 폭력을 당하고 있다고 털어놓습니다. 하지만 그러면서도 일이 커지는 것을 원치 않습니다. 자신이 고백해서 또 무슨 해코지를 당할지 두렵기 때문입니다. 왜냐고요? 현기는 공부도 잘하고 집도 부자이기 때문이에요.

태호의 고민이 좀 의아하기도 합니다. 아무리 현기네 집이 그렇다고 해서 학교가 폭력 사안을 처벌하지 않는다는 것은 말도 안 될 테니까요. 그런데 이 말도 안 되는 일이 정말로 벌어집니다.

김혜림 선생님은 태호의 고백을 듣고 걱정에 휩싸입니다. 태호의 걱정대로 일이 잘못되어 태호에게 무슨 일이라도 생길까 봐 이러지도 저러지도 못하고 있지요. 그러다가 태호 담임 선생님에게 넌지시 말을 꺼내 보지만, 담임 선생님은 귀담아 듣지 않습니다. 현기는 공부도 잘하고 모범적인 학생이며, 아이들 사이에서도 인기도 많고 집안도 좋아 교장 선생님도 함부로 할 수 없다면서요. 그러면서 김혜림 선생님에게 훈계하듯이 '아이들이 클 때는 다 그런 것'

학교 폭력은
'액션 영화를 보는 것'과는 전혀 다릅니다.

학교 폭력은 영화와 달리, 실제로 일어나는 일이고,
    당사자들도 나와 전혀 관련 없는 인물들이 아닙니다.

한 교실에서 생활하고,
    1년 동안 함께 어울리는 친구입니다.

이라고 말합니다.

김혜림 선생님은 이 일이 학교에서 해결할 수 있는 문제가 아니라고 생각합니다. 그래서 경찰에 도움을 구하기로 합니다. 그런데 경찰도 마찬가지의 태도를 취합니다. 혈기 왕성할 때 아이들이 저희들끼리 싸우는 게 무슨 대수로운 일이냐고 하는 것이지요. 정식으로 신고를 하면 전과로 기록되고, 문제가 복잡해질 뿐만 아니라, 경찰이 학교 일에 함부로 개입해서는 안 된다면서 '외면'해 버립니다. 태호는, 그리고 김혜림 선생님은 '그저 지켜만 보고 개입하지 않는 사람들'로 인해 문제를 해결할 길을 잃어버리게 됩니다.

이 영화는 힘이 있고 부유한 사람들을 우선하고, 가난하고 힘이 없는 사람들을 소외시키는 우리 사회의 부끄러운 치부를 아주 적나라하게 보여 주고 있습니다. 영화이긴 하나 이것이 실제로 일어났던 일이라는 점에서 우리에게 시사하는 바가 큽니다.

'왜 다 지켜보기만 할까요?' 그리고 '왜 다 흔히 있는 일이라고' 말할까요?

십 대 청소년들이 예민하고 또래 관계가 긴밀하기는 하지만 그렇다고 해서 모두 때리고 폭력적으로 사귀는 것은 아닙니다. 이 영화에서 '담임 선생님'과 '경찰'이 한 말은 우리 사회에 얼마나 '그저 방관하는 분위기'가 팽배해져 있는지를 잘 보여 줍니다. 이런 분위기에서 자란다면 아마 우리 모두 방관자가 될 수밖에 없을 것입니다.

태호는 과연 어떤 어른으로 자라게 될까요? 불의를 보고, 폭력을 당하면 태호는 과연 어떤 자세를 취하게 될까요? 영화는 있는 그대로의 사실을 외면하지 않는 것만으로도 우리 양심을 울릴 수 있다는 것을 잘 그려 내고 있습니다.

우리는 모두 폭력에 좀 더 예민해질 필요가 있습니다

자본주의 사회에서 우리는 '성공'이라는 가치를 추구하면서 삶을 대하는 자세가 곧 '경쟁'이 되어 버렸습니다. 남보다 앞서 나가는 것을 목표로 경쟁하며 살다 보니 힘이 있고 성공하는 것이 제일 중요한 덕목이 된 것이지요. 그리고 그것을 위해서라면 다른 가치들은 무시하거나 좀 소홀해도 된다는 암묵적인 분위기를 만들었지요. 그러다 보니 절대 용서될 수 없는 폭력 행위에도 '성공'이란 가치가 앞서서 잘잘못에 대한 감각이 둔해지는 일도 일어나게 됩니다.

그것은 여러분이 공부하는 교실에서도 통용되는 이야기입니다. 친구보다 더 좋은 성적을 받아야 하고, 남보다 더 좋은 대학에 들어가 더 좋은 직장을 잡는 것을 성공이라고 생각하는 학생들이 많이 있습니다. 그리고 그 과정에서 일어나는 '불의'는 '힘과 성공'을 위해서라면 좀 지나쳐 버려도 별 문제가 아니라고 생각하게 되는 것이지요. 여러분의 교실에서도 영화 속 현기처럼 공부를 잘하고 집안에 힘이 있다면 불의를 행해도 별로 문제되지 않는다고 생각하게 될 수도 있습니다.

하지만 그로 인해 생겨나는 문제들은 결코 작지 않습니다. 성공을 위해 불의를 지나친다면 그만큼 불의는 많아질 것이고, 사회는 더 폭력적이 될 것입니다. 만일 현기의 행동이 덮어진다면, 나도 공부를 잘하고 집안에 힘만 있으면 폭력을 휘둘러도 된다고 생각하게 될지 모릅니다. 이처럼 힘이 없으면 보호하지 않고 폭력을 행사해도 된다는 태도는 인간에 대한 존엄성을 위협하는 행동입니다. 앞으로 우리 사회를 이끌어갈 십 대 여러분들이 이런 태도를 갖게 된다면 사회는 더욱 비정해지고, 어두워지지 않을까요? 그리고 그 비정하고 어두워진 사회에서 나 역시 온전하게 살아가기는 힘들 것입니다.

게다가 우리 사회는 결코 성공하고 힘 있는 사람들로만 이루어지지 않습니다. 인간관계는 씨줄과 날줄처럼 촘촘히 이어져 있습니다. 어느 한쪽이 손상되면 반드시 그와 연결된 쪽도 타격을 입게 됩니다. 태호와 태호 엄마 역시 관계를 맺고 살아가는 이들입니다. 그와 관련된 사람들에게 어떤 영향을 끼치며 살아갈 것입니다. 그 영향이 돌고 돌아 현기에게 도달하지 않으리란 보장이 없습니다. 태호와 태호 엄마가 아니더라도 그와 관련된 누군가 현기의 부당한 행위를 고발할 수 있는 것이지요.

폭력은 가장 기본적인 인권을 망가뜨리는 행위이기 때문에 우리는 이에 더 민감해야 합니다. 십 대 친구들이 더 마음 놓고 살아갈 세상을 만들기 위해서라도 우리는 폭력에 대해 더욱 예민해질 필요가 있습니다. 이제 그저 흥밋거리로 폭력 행위를 보지 말고, 예민하고 민감한 시선으로 폭력 행위를 바라보았으면 합니다. 그리고 행동했으면 합니다.

행동이 비록 명확한 해결을 가져다주지 않더라도, 시도만으로도 폭력을 지양하는 분위기를 만드는 데 큰 의미가 있습니다. 그 가치를 믿고 더 예민하게 폭력을 감지하는 시선으로 보았으면 합니다. 그래야 나 역시도 불의를 당할 때 그것을 감지하고 예민하게 반응해 주는 누군가를 만나게 될 수 있습니다.

폭력 없는 교실은 어디 있나요?

초판 1쇄 발행 2017년 11월 15일
초판 4쇄 발행 2021년 6월 2일

지은이 김국태, 서영원, 이수석, 이승배, 이정숙, 이한수, 임원영, 한상원
펴낸이 이지은 **펴낸곳** 팜파스
기획편집 박선희
디자인 조성미 **마케팅** 김민경, 김서희
인쇄 케이피알커뮤니케이션

출판등록 2002년 12월 30일 제 10-2536호
주소 서울특별시 마포구 어울마당로5길 18 팜파스빌딩 2층
대표전화 02-335-3681 **팩스** 02-335-3743
홈페이지 www.pampasbook.com | blog.naver.com/pampasbook
이메일 pampas@pampasbook.com

값 13,000원
ISBN 979-11-7026-181-0 (43370)

이 도서의 국립중앙도서관 출판시도서목록(CIP)은 서지정보유통지원시스템 홈페이지(http://seoji.nl.go.kr)와 국가자료공동목록시스템(http://www.nl.go.kr/kolisnet)에서 이용하실 수 있습니다.(CIP제어번호: CIP2017027322)